VOCÊ FOI CHAMADA

Mulheres chamadas por Deus

EDITORA
CHAVE MESTRA®

EDITORA CHAVE MESTRA®

Av. Marcos Penteado de Ulhoa Rodrigues, 1119 – Tamboré, Alphaville – SP, Ed. Office Shopping Tamboré – Andar 21 – Sala Chave Mestra
CEP: 06460-040
@editorachavemestra
editora@editorachavemestra.com.br
www.editorachavemestra.com.br

Título original em português:

Você foi chamada:

mulheres chamadas por Deus

DIREÇÃO EDITORIAL
Raquel Medeiros

COORDENAÇÃO EDITORIAL
Bartira Costa Neves

EDITORIA JR.
Larissa Robbi Ribeiro

ASSISTÊNCIA EDITORIAL
Amanda Karine Grossel
Eloiza Andrade
Flávio Alfonso Jr.

REVISÃO
Cintia R. M. Salles

DIAGRAMAÇÃO E PROJETO GRÁFICO
Weslei Eugênio

***BRANDING* DE CAPA**
Jônatas Nuno Leite

Dados Internacionais de Catalogação na Publicação (CIP)

Vale, Rogério (Organizador)

V149 Você foi chamada: mulheres chamadas por Deus / Rogério Vale (org.) – Barueri, SP: Chave Mestra Editora, 2025.
160 p.: 16 x 23 cm

ISBN 978-65-5496-108-0

1. Fé. 2. Vida cristã. 3. Desenvolvimento pessoal. 3. Mulheres. 4. Espiritualidade. I. Título.

CDD 158.1

VOCÊ FOI CHAMADA

Mulheres chamadas por Deus

Apresentação

V*ocê foi chamada*: *mulheres chamadas por Deus* é um convite sagrado e inspirador para mergulhar em histórias reais, bíblicas e pessoais que revelam o poder do chamado divino na vida de mulheres comuns, transformadas por um propósito extraordinário. Com capítulos escritos por quinze autoras, esta obra é um mosaico de experiências, fé e transformação, entrelaçando narrativas que despertam a identidade, restauram o valor e reacendem a chama do propósito em cada leitora.

Cada capítulo é uma jornada por temas profundamente humanos e espirituais: dor, superação, fé, coragem, cura e obediência. Desde o clamor em meio às adversidades até a firmeza para não deixar uma oportunidade passar, as autoras compartilham lições vividas e personagens bíblicas que ecoam verdades atemporais. Mulheres como Raabe, Débora, Ester, Rute, Agar, Jael, Noemi, Raquel, Sifra e Puá ganham vida nova neste livro, não apenas como figuras do passado, mas como espelhos do que Deus ainda pode fazer hoje.

VOCÊ FOI CHAMADA

A mulher que ora diante das dificuldades, que abraça o seu "sim" mesmo sem ter todas as respostas, que enfrenta a rejeição, que se posiciona em fé, que luta por sua cidade, por sua família, por sua identidade... Todas elas estão aqui. Assim como estão aquelas que, como Lídia, encontram propósito mesmo em ambientes improváveis; ou como Marta, que precisou aprender a não perder o extraordinário no meio da rotina.

Com uma linguagem acessível e profundamente espiritual, *Você foi chamada* não é apenas uma leitura, mas uma convocação. É uma voz que diz: Deus ainda chama, ainda usa, ainda transforma. E Ele está chamando você.

Este livro é para toda mulher que sente, lá no fundo, que há mais, que nasceu para algo maior, que quer dizer "sim" ao propósito de Deus, mesmo sem saber exatamente o que vem depois. É uma chave de ativação, uma fonte inesgotável de fé e esperança — escrita por mulheres que ouviram o chamado e decidiram responder.

Você foi chamada, e esta é a sua hora de se posicionar!

Prefácio

Uma mulher que me inspira muito foi inspirada por Deus na criação deste livro. Cada capítulo revela a misericórdia e a propriedade de Deus em nossas vidas. Você será impactada com as revelações descritas em cada página. Prepare-se para aprender e inspirar mulheres por meio das lições e aplicações encontradas neste livro. A essência dele está em cada forma peculiar com que Deus usou mulheres improváveis.

Tudo começou quando a pastora e escritora Nytheska Alves decidiu, em obediência a Deus, convocar algumas mulheres para meditarem e escreverem sobre o público feminino selecionado por Ele; mulheres que o Senhor revela ter um propósito, e que usam-no com autoridade e graça.

Pastora Nytheska é alguém que Deus tem encorajado a impulsionar mulheres acomodadas no seu chamado. Eu a conheço há muitos anos e pude acompanhar e perceber o seu crescimento e a profundidade que alcançamos em Deus quando decidimos nos levantar e permitimos ser usadas por ele.

Se você é uma mulher que procura seu lugar em Deus, que percebe que o Senhor tem uma história para você viver e que existe um propósito maior, e se está disposta a obedecer e se entregar sem reservas, então este livro foi inspirado por Deus para você.

Aqui você encontrará lições reveladoras, porções dadas pelo Espírito Santo. Que bom que você fez esse investimento na sua vida espiritual. O valor deste livro para mim é incalculável, porque todas as revelações aqui estão ligadas à propriedade da Palavra de Deus; todos os

VOCÊ FOI CHAMADA

capítulos revelam o que Deus pode fazer com mulheres que se permitem ser usadas por ele.

Portanto, faça uma leitura atenciosa e prepare-se para descobrir verdades sobre as mulheres escolhidas por Deus. O interessante é que nem todas têm nome, mas todas têm uma história. Às vezes, Deus não procura por nomes, mas por alguém que esteja disposto a ser usado por ele para fazer história.

Você irá mergulhar de uma forma intensa e de fácil compreensão nas vidas de fortes mulheres que marcaram muitas gerações. Que você possa não apenas ler estes capítulos, mas guardá-los em seu coração, porque, em cada um deles, perceberá a voz de Deus falando com a sua alma.

Boa leitura!

Denise Herla

Sumário

VOCÊ FOI CHAMADA

AMANDA LINO

Meu nome é Amanda, sou casada com José Neto e mãe do José Felipe, de 2 anos. Sou levita na casa do Senhor e ministrante da Sua Palavra. Graduada em Letras — Língua Portuguesa, amo servir no ministério infantil da minha igreja.

Desde pequena, presenciei milagres extraordinários dentro da minha casa por meio da oração. Sempre que surgia alguma enfermidade, o primeiro passo era orarmos antes de qualquer intervenção médica.

Cresci experimentando o cuidado de Deus sobre a minha vida em todas as situações, e sou prova de que, pela da oração, milagres acontecem e cenários improváveis são promovidos a lugares de testemunhos.

amandah_lino

+55 (88) 99681-4571

VOCÊ FOI CHAMADA

1

POSICIONANDO-SE EM ORAÇÃO DIANTE DAS ADVERSIDADES

Por Amanda Lino

Ana era conhecida como uma mulher de fé e perseverança, que nunca desistiu de orar pelo seu maior sonho: gerar um filho. Mesmo diante das dificuldades diárias, permaneceu firme, pois compreendia o poder da oração. A narrativa de Ana nos abre um leque de possibilidades para compreender que, apesar das provocações de Penina — mencionada na Bíblia como sua rival — e de todas as suas inquietações, frustrações e angústias, ela não se desviou de sua fé. Ela acreditava que, no tempo certo, Deus ouviria seu clamor e abriria sua madre. Além disso, por meio de sua postura, Ana nos ensina a importância de permanecermos firmes e fiéis em oração, independentemente das adversidades, pois, no tempo determinado, Deus se levantaria para ouvir seu clamor e atender à sua petição.

Ademais, Ana acreditava que seu cenário atual não a impediria de vivenciar o sobrenatural que Deus tinha para sua história. Mesmo enfrentando a dor e a tribulação diariamente, mantinha a certeza de que Deus se levantaria para mudar a sua situação. Assim, Ana nos faz compreender que, apesar dos desafios externos, podemos sempre confiar no Deus que cuida de seus filhos.

A história de Ana e Penina se passa no contexto do Antigo Testamento, especificamente no livro de 1 Samuel, capítulo 1. Nesse período, Israel era uma nação que enfrentava grandes desafios, tanto políticos quanto espirituais. A liderança ainda estava sob o comando dos juízes, mas via-se a necessidade de um novo líder. Ademais, as pessoas estavam à procura de uma direção em meio a perspectivas totalmente incertas.

É nesse contexto que a narrativa nos apresenta Elcana e suas duas esposas: Ana e Penina. Então, nesse cenário político e espiritual, vamos refletir sobre a trajetória dessa mulher até o alcance de seu milagre.

Segundo a Bíblia, Ana era profundamente amada por seu marido e, mesmo não podendo ter filhos, isso não diminuía o amor que ele sentia por ela. O versículo 5 de 1 Samuel enfatiza esse fato ao dizer: "A Ana dava uma parte excelente; porque a amava, embora o Senhor lhe tivesse cerrado a madre". Entretanto, dentro do seu próprio lar, ela enfrentava uma grande aflição, pois sua rival, Penina, constantemente a provocava e humilhava.

Na cultura da época, a descendência era de extrema importância, e, quando uma mulher não conseguia gerar filhos, era comum que o marido tomasse outra esposa para garantir sua linhagem. Assim, apesar de ser amada por Elcana, Ana vivia angustiada, pois a sociedade via com desprezo as mulheres que não podiam gerar filhos. Além disso, conviver com Penina tornava sua dor ainda maior, já que suas provocações eram constantes. A tristeza de Ana ia além da ausência de filhos; ela carregava um sofrimento profundo, fruto da pressão social e das humilhações que enfrentava diariamente. "Ela, pois, com amargura de alma, orou ao Senhor, e chorou abundantemente" (1 Sm 1:10).

Portanto, Ana vivia em um cenário difícil, cercado de impossibilidades, no qual, segundo a perspectiva humana, o milagre parecia inalcançável. No entanto, em vez de se entregar à tristeza ou revidar as provocações de Penina, ela tomou uma atitude: colocou todas as suas ansiedades e frustrações diante de Deus em oração. Afinal, o Deus Todo-Poderoso é especialista em transformar cenários de impossibilidades em lugares repletos de testemunhos, para abençoar outras vidas. Mesmo com o passar do tempo e sem enxergar seu milagre, Ana nunca desistiu da oração, tampouco de clamar ao Senhor em meio à sua angústia. Pelo contrário, escolheu confiar e esperar. O cenário de impossibilidade que ela enfrentava naquele momento daria lugar a um milagre ainda mais profundo e grandioso do que poderia imaginar. O que Deus faria em sua vida não apenas corresponderia às suas expectativas, mas a surpreenderia, pois, através de seu milagre, Samuel, muitas outras vidas seriam alcançadas e abençoadas.

Muitas vezes, queremos que as coisas aconteçam no nosso tempo, mas Deus não falha. Independentemente da espera, chegará o momento em que Ele se levantará para ouvir o nosso clamor. No entanto, é essencial permanecermos posicionadas no lugar onde Ele nos ordenou estar.

Este não é o momento de lamentarmos porque a história não seguiu o rumo que planejamos, mas sim de depositarmos em oração tudo aquilo que desejamos, pois, no tempo certo, Deus realizará. O que está sendo gerado em oração através de você irá impactar uma geração.

As pessoas ao redor de Ana talvez a vissem, dia após dia, angustiada e desacreditassem que ela um dia pudesse gerar um filho. No entanto, Ana não desistiu de lutar por aquilo em que acreditava, naquilo que estava sendo gerado em oração. Mesmo que sua situação, naquele momento, não fosse favorável, ela simplesmente decidiu confiar.

Quantas vezes nos deparamos com cenários de impossibilidades que abalam nossa fé a ponto de nos fazer esmorecer na oração? No entanto, Deus nos chama a voltar a orar, a buscar novamente Sua direção — aquela que, muitas vezes, podemos ter perdido ao longo da caminhada.

Voltando ao contexto histórico, em uma de suas idas anuais a Siló para adorar e oferecer sacrifícios ao Senhor dos Exércitos, Ana era constantemente provocada por Penina, que a humilhava e a entristecia profundamente, a ponto de fazê-la chorar e perder o apetite. Certo dia, após a refeição, Ana decidiu se levantar e prostrar-se diante de Deus em oração, derramando sua alma com sinceridade e fé. Naquele momento, ela não apenas expressou sua dor, mas também fez um voto ao Senhor, entregando seu desejo mais profundo em Suas mãos. O sacerdote Eli, ao observá-la, inicialmente não compreendeu sua angústia: "Porquanto Ana no seu coração falava; só se moviam os seus lábios, porém não se ouvia a sua voz; pelo que Eli a teve por embriagada" (1 Sm 1:13). Eli não conhecia Ana, tampouco suas dores, suas limitações ou as humilhações que enfrentava diariamente. Ele enxergou sua aparência, mas não sua essência. Pensou que estivesse embriagada, quando, na verdade, o que via era o reflexo de um coração quebrantado pela dor, pelo sofrimento e pela angústia.

Por vezes, nos identificamos com Ana, encontrando-nos tão angustiadas e sobrecarregadas com o peso das lutas diárias, das incompreensões e dos apontamentos que nos cercam. Há momentos em que nossas orações não se expressam em palavras, apenas em gemidos e lágrimas. Assim como Ana, silenciamo-nos internamente diante de dores que somente Deus conhece, aquelas que não contamos para ninguém, mas unicamente para Ele. Todavia, Deus tem contemplado cada lágrima e, em meio ao furacão, às adversidades e frustações, a oração tem sido nosso consolo e refúgio nos dias difíceis. Então, converse com o Seu pai e conte para Ele todas as suas necessidades, pois Ele se importa com todas elas. Se é importante para você, é importante para Deus.

Assim, o que realmente importa é sabermos que somos cuidadas por Deus e que Ele zela por cada uma de nós. Não se trata do que os outros pensam de nós, mas de como Deus nos vê. O sacerdote Eli pode até ter tido uma visão precipitada e ter confundido Ana com alguém que estava embriagado, julgando-a por sua aparência, mas ela tinha plena consciência de quem era em Deus. Não era a opinião alheia que a validava como uma mulher de Deus, mas sim sua identidade e propósito. Ana soube se posicionar diante de seus problemas e dificuldades e não permitiu que comentários negativos a seu respeito abalassem sua fé ou a fizessem desistir. Em vez disso, ela permaneceu firme e respondeu: “Não, senhor meu, eu sou uma mulher atribulada de espírito; nem vinho nem bebida forte tenho bebido; porém tenho derramado a minha alma perante o Senhor” (1 Sm 1:15).

Ana conhecia seu Deus e sabia que, se fosse da vontade dEle, sua petição seria atendida. O segredo para alcançar seu milagre foi seu posicionamento diante do mundo, pois não permitiu que as circunstâncias externas desviassem seu foco ou abalassem sua confiança de que, no tempo certo, sua bênção chegaria. Por isso, enquanto o nosso foco estiver nos céus e não nas coisas externas, teremos plena convicção de que o milagre baterá à nossa porta.

O sacerdote Eli imediatamente a compreendeu e liberou uma palavra profética sobre a vida de Ana, dizendo: “Vai em paz; e o Deus de Israel te conceda a petição que lhe fizeste” (1 Sm 1:17). Ao receber essa bênção, ela não saiu daquele lugar com o mesmo semblante com o qual havia entrado. Pelo contrário, saiu renovada e transformada pelo poder da oração. Através do sacerdote, Ana recebeu de Deus uma palavra profética que permitiu que ela tivesse paz e descansasse nEle. E mais, naquele momento, ela tomou posse do seu milagre. Levantou-se da oração convicta de que o Deus de Israel havia ouvido sua petição.

A oração trouxe paz e calmaria para a vida de Ana nos momentos mais difíceis. No íntimo de sua alma, ela sabia que Deus estava no controle de todas as situações. Mesmo em seus momentos de angústia e de dor, ela nunca deixou de orar nem se desviou do propósito que Deus tinha para sua história. O Senhor de Israel não somente concedeu paz ao coração de Ana, mas a paz verdadeira, que excede todo entendimento. Essa paz se manifesta nos momentos em que tudo parece não ter solução, mas, ainda assim, permanecemos tranquilas, pois já tomamos posse da nossa bênção e sabemos que Deus transformará cenários de dor em testemunhos para contar. Por isso, não há razão para nos preocuparmos em momento algum.

Nesse contexto, a Bíblia diz que eles se levantaram de madrugada, adoraram ao Senhor, e que Elcana conheceu Ana, e Deus se lembrou dela. Isso nos ensina que, mesmo em meio às guerras que enfrentamos, nunca devemos desistir de adorar ao Senhor, pois, enquanto o adoramos, Ele cuida daquilo que é importante para nós. Pouco tempo depois, Ana deu à luz um menino e o chamou de Samuel, que significa "tenho pedido ao Senhor". E quanto a você, qual é a sua petição? Saiba que o cenário de dor e humilhação de outrora se transformará em um lugar de honra, mas é necessário se posicionar e permanecer firme e em constante oração.

BIBLIOGRAFIA

BÍBLIA SAGRADA. Almeida Corrigida Fiel (ACF). São Paulo: Sociedade Bíblica Trinitariana do Brasil, 2011. Disponível em: https://amp.bibliaonline.com.br/acf/1sm/1. Acesso em: 15 mar. 2025.

Amanda Lino

"Deus é especialista em transformar cenários improváveis em lugares de milagres."

Que chamado à reflexão ou à ação este capítulo desperta em você?

BPA. ANA CLÁUDIA FIGUEIRA

Sou Ana Cláudia Figueira, empresária, filha de Paulo e Vera, que me ensinaram a importância da humildade. Sou mãe de Paulo, de 26 anos; Tuninho, de 24; e Claudinho, de 16, meus amores.

Minha caminhada com o Senhor começou no momento mais difícil da minha vida. Até então, eu só conhecia Deus de ouvir falar, mas, em 2016, ao enfrentar uma batalha que abalou meu lar e trouxe perdas profundas, tive um verdadeiro encontro com Ele. Deus transformou minha dor em propósito e me levantou, mesmo sendo uma improvável aos olhos do mundo, para realizar Sua obra. Assim nasceu a Igreja Projeto Nações Unidas por Cristo Jesus (IPNU).

Hoje, dedico a minha vida à obra social e a inspirar mulheres a viverem o sobrenatural, levantando-se como instrumentos de transformação em suas casas, comunidades e gerações.

bispanaclaudia

Igreja Projeto Nações Unidas por Cristo

figueiraacr@gmail.com

2

RAABE: SINAIS E ESCOLHAS QUE MUDARAM GERAÇÕES

Por Bpa. Ana Cláudia Figueira

VOCÊ FOI CHAMADA

Raabe era uma prostituta em Jericó. Em outras palavras, uma mulher improvável aos olhos dos homens, considerada indigna. No entanto, também era uma mulher de grande fé, prestes a descobrir o amor de Deus.

Certo dia, dois homens bateram à sua porta, pedindo abrigo. Raabe os deixou entrar, mesmo sabendo que eram tempos instáveis e que, apesar de suas fortes muralhas, a cidade estava sob tensão. Pouco tempo depois, ela recebeu uma mensagem do próprio rei de Jericó: "Mande embora os homens que entraram em sua casa, pois vieram espionar a terra".

Sem saber, Raabe havia hospedado dois espiões israelitas. Foi então que sua fé se manifestou dentro dela. Ela sabia que Deus estava com os israelitas e que cabia a ela tomar uma atitude corajosa. Mais cedo ou mais tarde, o rei de Jericó enviaria soldados para capturar esses espiões. Estes chegaram ao anoitecer e vasculharam a casa. Raabe explicou, então, que os homens já haviam ido embora e que, se os soldados se apressassem, ainda poderiam alcançá-los. Quando eles se foram, Raabe caminhou até o terraço e ergueu os talos de linho, sob os quais havia escondido os dois espiões. Havia grande risco no que fazia, mas ela estava sendo guiada por sua fé. Então, ela lhes explicou que os havia ajudado porque sabia que Deus estava com eles. Raabe sabia que Jericó seria destruída e, por isso, fez um pedido aos espiões: que sua família fosse poupada quando os israelitas chegassem. Ela não pensava apenas em si — tinha grande amor por sua família.

"Pendure um cordão vermelho na sua janela", instruíram os espiões. "Assim, saberemos que sua casa deve ser poupada".

Raabe, então, ajudou os homens a descerem pela janela com uma corda e indicou-lhes o caminho de uma montanha, aconselhando-os a se esconderem lá por três dias antes de seguirem seu caminho de volta.

Não havia garantias, apenas a promessa dos espiões, mas a fé de Raabe era forte. E, então, ela pegou um cordão escarlate e o amarrou em sua janela. Quando os israelitas cercaram Jericó e as muralhas da cidade caíram ao som das trombetas, Raabe e sua família foram os únicos poupados.

A história de Raabe é vista como um exemplo de fé e redenção, mostrando como alguém fora do povo de Israel, com um passado considerado impuro, pôde ser usado por Deus para cumprir um propósito maior. Ela nos lembra de que os olhos dos homens enxergam a aparência, o status e o passado de uma pessoa. Os olhos do Pai, no entanto, são ilimitados e enxergam o coração de cada um de nós. Para os homens, Raabe era uma prostituta em uma cidade cuja cultura acreditava em deuses fabricados pelas mãos dos homens, uma mulher desprezada. Entretanto, Deus enxergou sua fé, sua coragem e seu potencial. Da mesma forma, Ele vê quem você pode se tornar quando decide confiar e caminhar sob Sua direção. Onde os homens enxergam apenas rótulos e falhas, Ele procura fé — ainda que, a princípio, ela seja do tamanho de um grão de mostarda. Portanto, foi isso que Ele viu em Raabe. Ela não sabia ainda, mas já estava sendo preparada para fazer parte de algo eterno.

Essa não é apenas a história de Raabe. É a sua história. É a minha história. É a história de todos nós.

Raabe é um dos exemplos mais extraordinários de como Deus transforma vidas improváveis. Só Ele tem a visão plena do que se passa dentro de nós e de como nossa fé pode ser usada para o bem.

Anos atrás, ao ganhar uma cadela, escolhi chamá-la de Raabe, sem compreender exatamente o porquê. Mais tarde, recebi uma instrução do Espírito Santo para dar voltas no quarteirão onde moro, como um ato profético. Obedeci sem questionar. Naquela caminhada, abri meu coração, que imediatamente ficou mais leve. Orei bastante, com entrega, com amor, confiando que Deus tinha um propósito para mim.

Hoje, ao refletir sobre esses momentos, percebo que tudo fazia parte de algo maior, como peças de um quebra-cabeça divino. Deus já estava enviando sinais. O nome Raabe não foi uma escolha aleatória, e sim um chamado de Deus. O ato de caminhar em oração pelo quarteirão foi um preparo espiritual. Cada detalhe, por menor que parecesse, estava sendo conduzido pelo Espírito Santo.

A mudança na vida de Raabe aconteceu no momento mais inesperado. Foi Deus quem conduziu os espiões até a casa dela, com a missão de observar o território antes da conquista prometida por Ele. Raabe poderia ter obedecido ao seu rei, ajudando-o a capturar os espiões. No entanto, ela já ouvia falar sobre o Deus de Israel — sobre o mar que se abriu, sobre os poderosos reis que caíram e sobre a provisão do deserto. Essas histórias eram sementes que Deus havia plantado em seu coração.

Naquele momento, Raabe escolheu abrir as portas não apenas de sua casa, mas também de sua vida. Provou sua fé em diversos momentos, como quando, com coragem e estratégia, despistou os soldados do rei. O momento crucial da história se dá quando ela sobe ao terraço para conversar com os espiões. Raabe não apenas os protegeu, mas também declarou sua fé no Deus de Israel, escolhendo confiar nEle, mesmo sem conhecê-lo plenamente. Antes de pedir proteção para sua família, ela reconheceu a soberania do Senhor, afirmando: "O Senhor, vosso Deus, é Deus em cima nos céus e embaixo na terra" (Js 2:11).

Raabe não tinha todas as respostas, nem entendia completamente os planos de Deus, mas sua disposição em confiar naquilo que o Senhor lhe mostrava abriu caminho para um futuro que ela jamais imaginou.

Aos olhos humanos, aquele tecido vermelho que pendurou na janela parecia apenas um trapo qualquer. Espiritualmente, porém, ele era o símbolo de uma aliança entre Raabe e o Deus de Israel. Aquele fio escarlate apontava para algo maior: a redenção que Cristo realizaria por toda a humanidade. Assim como o sangue do cordeiro nos umbrais das portas no Egito protegeu os primogênitos da morte, o fio escarlate era um sinal de salvação para Raabe e sua família.

Assim, enquanto a cidade vivia dias de medo e tensão, Raabe olhava para aquele fio escarlate com uma certeza em seu coração: Deus estava com ela. Ele guardaria sua vida e sua família. Aquele não era apenas um símbolo de proteção; era uma antecipação daquilo que o sangue de Jesus faria por nós — nos cobrir e nos livrar da destruição.

O sangue de Cristo nos cobre e nos declara filhas amadas e redimidas. Esse pacto nos ensina sobre o caráter de Deus. Ele é fiel às Suas promessas, mas também busca em nós um coração disposto a confiar e obedecer, mesmo quando as circunstâncias são desfavoráveis. O cordão vermelho na janela de Raabe nos lembra da importância de respondermos ao chamado de Deus com passos de fé, ainda que pareçam pequenos ou insignificantes.

Após cruzar o Jordão, Josué liderou os israelitas à conquista de Jericó — não com força física, mas com fé e obediência. Por seis dias, marcharam ao redor da cidade em silêncio, enquanto sacerdotes tocavam trombetas e carregavam a Arca da Aliança. No sétimo dia, deram sete voltas, tocaram as trombetas e gritaram, confiando na intervenção divina.

As muralhas de Jericó, antes impenetráveis, caíram por completo, sem que uma única arma fosse usada. Esse momento revelou a soberania e o poder absoluto de Deus, bem como a importância da obediência e da fé para o cumprimento de Seus planos. Quando seguimos as orientações do Senhor, o impossível se torna possível.

Deus não só resgatou Raabe de sua antiga realidade, mas a integrou à Sua família, onde ela começou uma nova jornada, com sua identidade restaurada, sua dignidade resgatada e seu propósito revelado, sendo recebida com amor pelo povo de Deus. Ela se casou com Salmon, um homem de destaque em Israel, e juntos construíram uma família que faria parte do plano eterno de Deus. Seu filho, Boaz, tornou-se um exemplo de caráter e bondade, refletindo o coração generoso do Senhor ao acolher Rute, outra improvável em Sua história. Dessa união, nasceram Obede, Jessé e, mais tarde, Davi, o rei segundo o coração de Deus. Davi, por sua vez, foi um elo em uma linhagem que culminaria no nascimento do Salvador do mundo, Jesus Cristo.

Querida leitora, você não está esquecida, nem sozinha. Você foi escolhida e chamada para algo maior. Avance, porque sua história está sendo reescrita pelas mãos do Criador. Não por acaso, nem por sorte, mas porque há um propósito divino para a sua vida.

Deus quer derrubar cada barreira, restaurar sua identidade e usar sua vida para um propósito eterno, mas Ele não quer parar em você. Assim como Raabe foi usada para trazer salvação para toda a sua família, Deus quer fazer de você uma coluna em seu lar, alguém por meio de quem Ele abençoará e transformará vidas.

Deus convida você a confiar nEle, mesmo sem todas as respostas, mesmo quando há mais perguntas do que soluções. Ele só pede que você dê um passo de fé, porque o próximo passo Ele já preparou.

Fale com Ele. Não precisa de palavras bonitas, apenas sinceridade: "Senhor, obrigada porque Tu me vês exatamente como sou e ainda assim me amas incondicionalmente. Entrego-Te minha vida, meus medos, meu passado e as muralhas que me cercam. Faz de mim um instrumento em Tuas mãos. Usa-me como coluna na minha família e guia-me nos Teus propósitos eternos. Eu confio em Ti e Te louvo porque Tu és fiel. Em nome de Jesus, amém".

Abra seu coração e ouça a direção do Espírito Santo. Você também enfrentou suas muralhas — dúvidas, medos e erros que te afastaram do propósito divino. Mas Deus já tem sua história escrita, conhece cada detalhe do que você viveu e cada batalha que enfrenta. Suas limitações não o intimidam; pelo contrário, Ele as usa como palco para Sua glória.

Ele já está plantando sinais ao longo do caminho — pequenos lembretes de que há algo maior sendo preparado. Quantas vezes o Espírito Santo nos dá um vislumbre, um toque, um momento para nos lembrar de que estamos sob Sua orientação? Foi assim com Raabe. Com fé e obediência, ela se tornou parte de um plano que transformaria gerações.

BIBLIOGRAFIA

BÍBLIA SAGRADA. Bíblia para Pregadores e Líderes — Geziel Gomes. Almeida Revista e Corrigida (ARC). Rio de Janeiro: Central Gospel, 2017.

Bpa. Ana Cláudia Figueira

"Você não está esquecida, nem sozinha. Você foi escolhida e chamada para algo maior."

Que chamado à reflexão ou à ação este capítulo desperta em você?

CRISTIANA MEDEIROS

Olá, querido(a) leitor(a)! Meu nome é Cristiana Medeiros e sou serva do Deus Altíssimo. Sou cearense e filha de duas joias raras: Rita de Cássia e Francisco Medeiros. Faço parte do ministério da Assembleia de Deus, no Templo Central de Icó. Também sou criadora de conteúdo digital cristão e fui escolhida pela graça, chamada para a missão que arde em meu coração: alcançar vidas para o Reino por meio do louvor e da ministração da Palavra. Convido você a desfrutar das pérolas contidas neste capítulo e a tomar posse do que Deus liberou para a sua vida por meio de uma palavra, pois as Suas promessas são fiéis!

Você pode me encontrar nas redes sociais:

cristiana_medeiro

Cristiana Medeiros

VOCÊ FOI CHAMADA

3

APODERANDO-SE DA PALAVRA LIBERADA

Por Cristiana Medeiros

Você carrega uma palavra liberada por Deus e, independentemente do cenário que esteja enfrentando, essa situação está forjando o seu caráter, dando-lhe um verdadeiro sentido e convicção do seu chamado.

Quando abrimos nossa visão para essa palavra, experimentamos coisas extraordinárias. Aquilo que parecia ser o fim se transforma em uma porta de oportunidade para um crescimento ainda maior.

Não podemos permitir que as turbulências da vida nos façam esquecer o que Deus disse nem roubem nossa visão do destino revelado por meio de Suas promessas. Ele nos encontra em diferentes ambientes e situações e se revela para nós. E, uma vez alcançados por Sua Palavra, nossa história nunca mais será a mesma.

Ele nos chama para uma missão, e quando temos a convicção do que Ele nos falou, mesmo nos lugares inapropriados, Ele nos faz florescer.

Gênesis, capítulo 16, narra a história de Agar, uma escrava egípcia que pertencia a Sarai, esposa de Abraão. Como Sarai era estéril, ao perceber em Agar a possibilidade de Abraão ter descendência, ela ordena que sua escrava se deite com ele.

Agar, sendo escrava, não tinha o direito de expressar suas emoções nem de tomar decisões; sua vida era regida pelas escolhas de sua senhora. Ela representa muitos de nós que, em diversos momentos da vida, nos sentimos sem voz e sem poder sobre nossas próprias decisões. Muitas vezes, tornamo-nos escravos de nossas emoções e permitimos que elas nos conduzam, o que pode nos levar à perda de clareza nas decisões e à paralisia justamente quando deveríamos crescer e buscar direção para cumprir nosso propósito.

Obediente à ordem de sua senhora, Agar gera um filho de Abraão. Contudo, ao fazer isso, ela começa a insultar Sarai, esquecendo-se de sua posição dentro da casa. Em resposta a essa situação, Sarai a humilha, levando Agar a fugir para o deserto. Nesse lugar solitário, ela é encontrada por Deus por meio da manifestação de um anjo. Esse momento nos lembra que, mesmo quando nos sentimos perdidos ou abandonados, Deus não nos desampara.

Então, o anjo inicia um diálogo com Agar: "E disse: Agar, serva de Sarai, de onde vens e para onde vais?". E ela respondeu: "Venho fugindo da face de Sarai, minha senhora" (Gn 16:8).

A indagação do anjo a Agar provoca uma reflexão sobre sua situação e a leva a reconhecer sua necessidade de orientação. Diante de duas perguntas, ela consegue responder apenas a uma, pois aquele que está em fuga sabe de onde está saindo, mas não tem clareza acerca de seu destino.

Em diversas circunstâncias da vida, desejamos fugir de ambientes que nos causam dor, mesmo sem ter uma direção definida. Por vezes, somos encontrados por Deus, pois existem processos que precisam ser concluídos em nós. Sua vontade é que vivamos a totalidade daquilo que Ele nos prometeu, e, toda vez que fugimos do processo, deixamos de adquirir a experiência e o crescimento que nos direcionam ao apoderamento da palavra que recebemos.

A história de Agar não terminaria como a de uma escrava fugitiva; Deus também tinha um plano para ela. Talvez você não compreenda por que ainda permanece em um processo do qual já tentou fugir, mas Deus está lhe ensinando a lidar com determinadas situações. Há lições que a casa de Abraão ainda tinha a oferecer a Agar durante esse processo.

Deus é quem, no Seu tempo, nos retira de ambientes que foram destinados a nos moldar, mas que já não comportam o que carregamos internamente. A indagação do anjo leva Agar a uma autoavaliação, permitindo-lhe refletir sobre suas origens e seu destino. Essa reflexão constitui uma ferramenta significativa para lidarmos com as situações da vida.

O deserto, que é um lugar de isolamento e provação, tornou-se o cenário para uma revelação divina. A interação de Agar com o anjo demonstra que Deus se manifesta nos momentos de mais vulnerabilidade. Ele faz uma promessa: Ismael se tornaria uma grande nação. Assim, Agar deixa de ser apenas uma escrava e passa a ser a portadora de um propósito divino. O nome Ismael, que significa "Deus ouve", reforça a certeza de que Ele está atento às nossas necessidades e angústias. Deus é aquele que nos ouve e que também tem a melhor direção para nós, como um pai amoroso.

Apesar das circunstâncias difíceis, Agar obedece à ordem do anjo e retorna à casa de Abraão. Sua obediência demonstra fé e confiança no propósito de Deus. Obedecer nem sempre é fácil, mas é fundamental para o cumprimento dos planos de Deus em nossas vidas.

Deus valoriza cada pessoa, independentemente de sua posição social ou circunstâncias. Ele conhece nossos nomes, nossas emoções e nossos pensamentos. Ele se importa conosco e tem um propósito para cada um de nós. Mesmo quando nos sentimos invisíveis e insignificantes, Deus nos vê e nos valoriza.

Nasce, então, o filho de Agar, Ismael, e, no tempo de Deus, nasce também Isaque, o filho de Sara. Certo dia, Sara vê Ismael zombando de seu filho, o que a leva a pedir a Abraão que mande Agar e Ismael embora. Mais uma vez, o destino de Agar estava sendo decidido por outra pessoa.

Foi uma decisão dolorosa, mas fazia parte do plano de Deus. Quando carregamos uma promessa do Senhor, até as situações que parecem adversas podem nos ajudar a realizar o que Ele nos prometeu. Para Abraão, essa decisão parecia errada, mas tinha a aprovação divina. O que parecia ser o fim da história de Agar era, na verdade, o começo do que Deus havia preparado para ela.

Deus não deixará você viver na sombra da história de outros. Se você tem um chamado dEle, viverá suas próprias experiências e contará sua própria história.

Então, Agar foi despedida com seu filho, levando apenas um odre de água e um pouco de pão. A casa de Abraão, agora, se tornara um lugar de expulsão para Agar. Muitas vezes, sentimo-nos confortáveis em certos ambientes e ciclos, mas, para que a vontade de Deus se cumpra em nossas vidas, esses lugares podem se tornar inadequados.

Na casa de Abraão, Agar sempre seria vista como escrava, sem direitos e sem liberdade. Mas, no deserto, Deus tinha um plano de libertação para ela e seu filho.

Talvez você esteja passando por ciclos que se encerraram, situações que antes eram confortáveis, mas que agora se tornaram insustentáveis. Deus permite essas mudanças para que possamos entender que certos lugares e ambientes não são compatíveis com a promessa que Ele tem para nós, tornando-se, assim, zonas de expulsão.

Às vezes, o desconforto é um sinal de que Deus está nos preparando para algo maior!

Agar andava sem rumo pelo deserto e, tendo acabado a água do odre, ela, desesperada, coloca o menino debaixo de uma árvore e se afasta para não vê-lo morrer. Nesse momento, ela estava se afastando da promessa. As circunstâncias a fizeram esquecer o que Deus havia prometido.

Quantas vezes, diante das situações difíceis, esquecemos do que carregamos dentro de nós? Agar estava no ambiente da promessa, mas lidava com a dificuldade de viver uma liberdade que nunca havia experimentado. Ela estava livre no deserto, mas, quando tudo o que trouxe da casa de Abraão acabou, ela pensou que eles iriam morrer. Sua dependência ainda estava nas coisas do passado.

Muitas vezes, encontramo-nos paralisados em ambientes onde deveríamos crescer. Ficamos como Agar, chorando pela água do odre que acabou, e não enxergamos que Deus tem muito mais para nos entregar. No deserto, a voz do menino foi ouvida por Deus, que enviou um anjo para intervir.

"E ouviu Deus a voz do menino, e bradou o anjo de Deus a Agar desde os céus, e disse-lhe: que tens, Agar? Não temas, porque Deus ouviu a voz do moço desde o lugar onde está" (Gn 21:17).

Muitas vezes, chegamos ao nosso limite para entender que é Deus quem executa os planos para nossas vidas. Ele já tinha um propósito para Ismael, e isso já havia sido revelado a Agar no deserto. No entanto, em meio ao desespero, ela estava prestes a abrir mão do seu filho, esquecendo-se da promessa divina.

Assim, mesmo que você pense em desistir, a promessa ainda está de pé e ela sempre gritará mais alto do que as suas dificuldades. Agar se desesperou, mas a voz do menino fez o anjo descer ao deserto, pois o clamor traz respostas, enquanto o desespero nos rouba a visão.

O anjo, então, instrui Agar a se erguer e levantar o menino. Da mesma forma, Deus também nos chama para nos levantarmos e cumprirmos o que Ele tem para nossas vidas. Quando o Senhor diz "ergue-te", está nos convidando a nos posicionarmos, pois só viveremos aquilo que Ele tem para nós quando tomarmos essa atitude.

Não importa se os recursos acabaram ou se ciclos se fecharam; temos que ter fé e nos apoderar da palavra que Ele liberou sobre nós. Mesmo que você esteja no deserto, lembre-se do que você carrega. Se está confuso quanto ao que Deus falou, eu convido você a se levantar e a entender que nada pode anular o propósito dEle em sua vida.

Mesmo quando as circunstâncias parecem desfavoráveis, a promessa de Deus permanece. Muitas vezes, podemos nos sentir desanimados e prontos para desistir, mas é nesses momentos que precisamos reafirmar nossa fé. O ato de se erguer é essencial. Quando Agar levantou seu olhar e se apropriou da palavra que lhe foi dada, começou a enxergar além do desespero. Ela viu a provisão de Deus no deserto — uma fonte de água que não conseguia perceber enquanto chorava pela água do odre que havia acabado. Seu desespero quase a levou a desistir de tudo, mas a fonte que Agar encontrou no deserto nos faz entender que, quando nos apropriamos da palavra liberada, experimentamos a providência de Deus para seguir em frente.

Ao nos posicionarmos e nos apoderarmos com fé da palavra que recebemos, abrimos nosso coração para receber as direções de Deus. Ele nos faz crescer até mesmo em ambientes desfavoráveis. No deserto, Agar não era mais escrava; tornou-se dona do seu próprio poço. Seu filho cresceu, desenvolveu habilidades e se tornou uma nação. O deserto foi o cenário onde a promessa de Deus se cumpriu na vida de Agar.

Lembre-se do que você carrega. Posicione-se, tome posse daquilo que Deus já liberou sobre sua vida e caminhe no solo do cumprimento da palavra!

BIBLIOGRAFIA

BÍBLIA SAGRADA. João Ferreira de Almeida (JFA). Várzea Paulista: Casa Publicadora Paulista, 2014.

Cristiana Medeiros

"O clamor traz respostas, enquanto o desespero rouba a visão."

Que chamado à reflexão ou à ação este capítulo desperta em você?

DÉBORA MANFRE

Meu nome é Débora Manfre. Sou casada há dezesseis anos com o amor da minha vida, Paul, e mãe de dois filhos, Julya e Enzo, minhas maiores bênçãos. Aos 18 anos, deixei o Brasil carregando sonhos, mas também cicatrizes.

O momento mais doloroso da minha vida foi a minha separação, e foi nesse deserto que conheci Deus de verdade. Ele transformou minha história: deu-me uma carreira e me fez crescer de forma sobrenatural; fui reconhecida como uma das melhores financiadoras de casas dos Estados Unidos. Mas Ele não parou por aí: restaurou meu casamento, minha família e, acima de tudo, a minha identidade. Eu era a menos provável, mas Deus escolheu investir em mim.

Hoje, minha missão é ajudar mulheres a romper bloqueios, restaurar seus relacionamentos e suas famílias, bem como viver com propósito. Assim, quero que você saiba: há esperança, restauração e um chamado sobre a sua vida.

deboramanfre

deboramanfre

deboramanfre

VOCÊ FOI CHAMADA

4

O "SIM" QUE MUDOU TUDO: ABRAÇANDO MEU CHAMADO

Por Débora Manfre

Maria, um nome comum. Uma jovem como qualquer outra de sua época. Aos olhos humanos, nada nela parecia especial. Não vinha de uma família influente, não possuía riquezas ou status. Era apenas uma menina simples, vivendo sua rotina dentro das tradições do seu povo, seguindo o caminho que qualquer jovem judia percorreria.

Mas ser mulher naquele tempo era muito diferente do que conhecemos hoje. As mulheres não tinham voz, não podiam escolher seu próprio destino e eram frequentemente vistas apenas como esposas e mães dentro de um sistema patriarcal rígido. Qualquer desvio da norma poderia resultar em vergonha pública, exclusão ou até mesmo punição severa. A lei judaica era inflexível, e a pena para uma mulher acusada de adultério ou imoralidade poderia ser a morte por apedrejamento.

Esse era o cenário em que Maria vivia quando recebeu o chamado divino. Em uma sociedade onde sua palavra não teria peso diante dos homens, Deus a escolheu para carregar a maior promessa da humanidade.

Mas Deus via além. **Ele sempre vê além.**

No meio de sua vida comum, no silêncio de sua rotina, Maria foi escolhida para algo muito maior do que poderia imaginar. Então, um anjo apareceu e entregou a mensagem que mudaria sua história para sempre: **"Você foi escolhida para gerar o Filho de Deus"**.

O impossível estava diante dela. A lógica dizia que era absurdo. A sociedade gritava que era inaceitável. O medo poderia ter sido sua resposta. Mas Maria escolheu a fé. E essa escolha mudou tudo.

Quantas vezes Deus nos chama para algo que parece grande demais? Algo que não faz sentido para os outros, que desafia a lógica, que nos expõe a críticas e nos tira da zona de conforto. Mas, em vez de confiar, quantas vezes nos escondemos atrás do medo? Talvez seja o medo do que os outros vão pensar. O medo de errar. O medo de não ser boa o suficiente. O medo de perder o controle.

Maria tinha todas as razões para temer. Ela sabia que estar grávida sem estar casada poderia lhe custar a vida. Sabia que José poderia rejeitá-la. Sabia que seria julgada e excluída.

Ela não tinha todas as respostas, mas tinha uma escolha: **ouvir a voz do medo ou ouvir a voz de Deus**. E ela escolheu confiar.

Se Maria tivesse dado ouvidos ao medo, à sociedade ou à sua própria lógica, talvez nunca tivesse dito "sim". Poderia ter permitido que a dúvida e a insegurança roubassem o que Deus queria fazer por meio dela.

E quantas vezes fazemos exatamente isso?

Quantas vezes Deus coloca um sonho em nosso coração, mas deixamos o medo nos paralisar? Quantas vezes ouvimos a voz da dúvida e ignoramos o chamado dEle?

O problema não é o chamado. **O problema é a resposta que damos a ele.**

Maria nos ensina que, quando dizemos "sim" para Deus, não estamos apenas aceitando uma missão — estamos aceitando uma transformação.

O segredo do "sim" de Maria

Algo que me toca profundamente na história de Maria é a maneira como ela reagiu ao chamado de Deus. Ela não ficou esperando explicações detalhadas. Não pediu provas. Não impôs condições. Ela simplesmente disse: "Sou serva do Senhor; que aconteça comigo conforme a Tua palavra" (Lc 1:38).

Maria não sabia **como** Deus faria, mas confiava que Ele faria, porque a fé não exige explicações, apenas entrega. É preciso olhar para Aquele que pode todas as coisas, e não para as nossas incapacidades e limitações.

Confiar em Deus é escolher acreditar mesmo quando os detalhes não fazem sentido. É caminhar no escuro sabendo que Ele já preparou o caminho. A fé verdadeira não espera garantias; ela se apoia na certeza de quem Deus é. Maria não precisava entender os planos, porque ela conhecia o caráter de quem a chamou. E foi essa confiança que a fez agir.

Assim que recebeu a notícia, Maria não hesitou. A Bíblia nos diz que ela "se levantou e foi depressa" (Lc 1:39) até a casa de sua prima Isabel. Esse detalhe, muitas vezes subestimado, revela uma das maiores lições da sua história: Maria não ficou esperando a aprovação dos outros, não permitiu que a dúvida ou o medo roubassem sua promessa. Ela agiu. Ela se posicionou.

Maria escolheu estar no lugar certo, com as pessoas certas. Ela poderia ter buscado refúgio em quem questionaria seu chamado ou alimentaria seus medos, mas não o fez. Foi até Isabel, uma mulher que também carregava um milagre. Isabel, que já estava grávida de João Batista, era prova viva de que Deus cumpre o impossível.

Quantas vezes, ao receber um chamado de Deus, ficamos presas pelo medo, cercadas pelas vozes erradas? Maria nos ensina que não basta apenas crer; é preciso se mover. A fé verdadeira não espera circunstâncias perfeitas, ela se lança na promessa.

Isso me fez refletir: **para quem eu corro quando Deus me chama para algo grande?** Será que buscamos apoio nas pessoas certas? Ou corremos para aqueles que alimentam nossas dúvidas e inseguranças?

Uma das maiores lições de Maria foi saber onde buscar fortalecimento. Ela se cercou de quem já estava vivendo um milagre. Não perdeu tempo ouvindo vozes erradas. **E eu aprendi isso da maneira mais difícil.**

Por muito tempo, me cerquei de pessoas que não entendiam meu chamado. Pessoas que, mesmo sem querer, me mantinham presa ao passado, à mediocridade, ao medo. Até que um dia, meu marido me disse algo que nunca esqueci:

"Débora, você é tão inteligente e cheia de talentos... Por que caminha com pessoas que não sabem o que querem da vida?".

Na hora, doeu. Achei que era ciúme. Mas, com o tempo, percebi que era Deus me mostrando que, para viver minha promessa, eu precisava caminhar com as pessoas certas.

Maria entendeu isso. Ela passou três meses na casa de Isabel — três meses de fortalecimento, crescimento e preparação. E eu lhe pergunto: **com quem você tem caminhado?**

Porque, se você carrega um chamado, mas se cerca de pessoas que não estão indo na mesma direção, corre o risco de se desviar do propósito de Deus para sua vida.

Maria não foi apenas uma mulher escolhida para gerar Jesus. Ela foi uma mulher escolhida para nos ensinar sobre **obediência, confiança e posicionamento.**

Dê o primeiro passo

Não precisamos ver o caminho inteiro, só precisamos dar o primeiro passo. Deus não precisa da nossa capacidade — Ele precisa da nossa obediência.

A palavra **obediência** vem do latim *obedire*, que significa "ouvir atentamente, escutar, submeter-se, obedecer". Sua raiz está ligada à ideia de ouvir com atenção e responder de acordo. Ou seja, obedecer não é apenas ouvir, mas agir em conformidade com o que foi ouvido. Se Maria estivesse distraída e ocupada demais, talvez nunca tivesse ouvido a voz do anjo Gabriel.

Existe um poder no silêncio, na solitude com Deus. É nesse lugar que Ele sussurra direções que não conseguimos ouvir no barulho da vida. Foi no silêncio que Maria discerniu seu chamado, e é no silêncio que Deus também deseja falar com você.

Mas, será que você tem parado para escutar? Ou sua mente está ocupada demais com as distrações, preocupações e vozes do mundo? Aprendi que, quando silenciamos o ruído ao nosso redor, começamos a ouvir a voz que realmente importa. Deus não compete por atenção — Ele fala na quietude, no íntimo, no profundo. Se você quer clareza, direção e transformação, não busque respostas no caos, busque-as no secreto.

Maria entendia isso. Por isso, não apenas cumpriu o propósito de Deus, mas também deixou um legado de fé, confiança e posicionamento. Ela foi fiel em tudo o que Deus colocou em suas mãos — como mãe, esposa e filha do Senhor.

E eu pergunto a você: **o que Deus colocou em suas mãos hoje?** Talvez você esteja carregando uma promessa que parece impossível. Talvez as circunstâncias ao seu redor gritem que não vai dar certo. Talvez o medo esteja tentando sufocar sua fé. Mas Maria nos ensina algo poderoso: **não precisamos ver o caminho inteiro, só precisamos dar o primeiro passo**.

O chamado de Deus sempre exige fé antes da lógica, obediência antes da compreensão e coragem antes da confirmação. Maria não sabia todos os detalhes, mas sabia quem estava chamando, e essa confiança foi suficiente para que pudesse dizer "sim".

Agora, eu pergunto: **o que Deus tem a chamado para viver que você tem adiado por medo, insegurança ou dúvida?** Será que você está esperando se sentir preparada antes de obedecer? Ou está esperando que as circunstâncias sejam perfeitas antes de dar o primeiro passo?

Deus não escolhe os mais capacitados; Ele capacita os escolhidos. Então, se Ele colocou algo em seu coração, é porque já preparou tudo para que você viva isso. O problema nunca é a promessa, mas a nossa disposição de responder ao chamado.

Maria nos ensina que o maior segredo de uma vida transformada não está no que sabemos ou temos, mas na resposta que damos à voz de Deus.

Agora é a sua vez!

Pegue um papel e uma caneta ou abra seu diário. Reserve alguns minutos para este exercício.

1. O que Deus tem falado ao seu coração ultimamente, mas você tem hesitado em obedecer?
2. Quais são os medos ou as desculpas que têm impedido você de dizer "sim" ao chamado dEle?
3. Se você soubesse que não poderia falhar, qual seria o primeiro passo que daria hoje?

Agora, ore e entregue esses medos a Deus. Peça a Ele a mesma fé e coragem que deu a Maria. Depois, escreva um compromisso: **qual será o seu primeiro passo de obediência?** Porque o que define sua história não é o tamanho do desafio, mas a resposta que você dá a ele.

Qual será o seu "sim"?

Se Maria, uma jovem simples de Nazaré, foi escolhida para carregar a maior promessa da humanidade, por que Deus não escolheria você para algo grandioso também?

Ele está te chamando para algo maior do que você pode imaginar. O medo pode estar presente, o desconhecido pode parecer assustador, mas a única resposta que você precisa dar é: **eis-me aqui, Senhor. Seja feita a Tua vontade**.

Assim como Maria, escolha a obediência. Escolha a fé. Escolha se posicionar no lugar certo e com as pessoas certas para viver o propósito de Deus em sua vida.

E, então, **prepare-se para viver o impossível**.

BIBLIOGRAFIA

BÍBLIA SAGRADA. Bíblia de estudo Joyce Meyer. Nova Versão Internacional (NVI). Belo Horizonte: Bello Publicações, 2012.

Débora Manfre

"Não siga pelo que você vê, nem pelo que sente, mas pelo que ouve do céu. Alinhe-se com o propósito divino."

Que chamado à reflexão ou à ação este capítulo desperta em você?

DÉBORA SILVA

Sou Débora Cristina Silva, casada com meu amor, Denes Silva, e mãe de Noah e Lucca. Mineira, vivo nos Estados Unidos há mais de duas décadas, onde eu e meu esposo somos empresários com uma missão que vai além dos negócios: ministramos e treinamos pessoas a acessarem a prosperidade em todas as áreas da vida.

Sou formada em Cosmetologia e Estética Avançada, mentora *master*, especialista comportamental, psicanalista, escritora, ministra da Palavra e missionária. Ajudo pessoas a desenvolverem seus talentos, fortalecerem suas emoções e liderarem com impacto. Fui lapidada à luz da Palavra e, hoje, carrego a missão de capacitar, curar e destravar destinos.

Acompanhe-me nas redes sociais.

debora_rochasilva

+1 (732) 245-4797

www.deborasilvamentora.com

VOCÊ FOI CHAMADA

5

LIA E O TRATAR DE DEUS: CURANDO A REJEIÇÃO

Por Débora Silva

Shalom, amada leitora!

Hoje, Deus quer abrir seus olhos, remover as escamas da dor e levá-la a um novo nível de libertação. Ele quer alcançar as raízes mais profundas — aquelas que, talvez, você nem saiba que existem —, para arrancá-las e substituí-las por identidade e amor.

A rejeição é uma das feridas mais profundas que um coração pode carregar. Muitas vezes, suas raízes não começam na vida adulta, nem mesmo na infância, mas ainda no ventre da nossa mãe. Palavras ditas ou não ditas, uma gravidez inesperada, o desejo de que fôssemos um menino quando nascemos meninas... Tudo isso pode semear sentimentos de rejeição antes mesmo do nosso primeiro choro.

A história de Lia, em Gênesis, vai abrir seus olhos de forma profunda.

A Bíblia nos apresenta a história de Lia, uma mulher que viveu debaixo do peso da rejeição. Casada com um homem que nunca a escolheu de coração, sempre à sombra de sua irmã Raquel, Lia conhecia de perto a dor de não ser desejada. Mas Deus olhou para ela. Deus ouviu seu clamor. E Deus a honrou!

Permita que Deus cure feridas escondidas e que sua essência brilhe.

Desde pequena, Lia aprendeu que não era a primeira opção. Seu nome significa "vaca selvagem", enquanto o nome de sua irmã, Raquel, significa "ovelha mansa". Até mesmo no significado dos nomes podemos perceber como Lia era vista de forma diferente: sem delicadeza, sem encantamento.

A Bíblia nos diz que "Lia tinha olhos ternos [turvos, sem brilho], enquanto Raquel era bonita e atraente" (Gn 29:17). Essa frase carrega um peso imenso. Nos tempos antigos, a aparência física de uma mulher determinava seu valor no casamento, sua aceitação social e sua posição dentro da família. E Lia não se encaixava nesse padrão.

Seus olhos turvos podiam indicar que ela tinha um olhar sem vida, sem expressão, um semblante triste. Enquanto Raquel era a irmã admirada e desejada, Lia cresceu ouvindo comparações. Desde pequena, ouvia que Raquel seria um ótimo partido — e ela, não.

A rejeição pode até ter tentado apagar seu valor, mas a escolha de Deus por você é maior do que qualquer marca do passado.

A rejeição é um sentimento devastador, porque todo ser humano foi criado por Deus para ser amado e aceito. Se essa necessidade não é suprida, deixamos brechas abertas para traumas e feridas emocionais profundas. Muitas pessoas carregam marcas invisíveis da rejeição, sem perceber o quanto isso afeta suas decisões, seus relacionamentos e até sua visão sobre Deus.

Se não tratarmos a rejeição, ela nos acompanhará por toda a vida. E o problema é que aquilo que não reconhecemos não podemos curar. Se você não identifica a raiz doente, não há diagnóstico. Se não há diagnóstico, não há solução. O poder de Deus só se manifesta quando reconhecemos que estamos quebradas e nos permitimos ser curadas!

Quero deixar claro que esta jornada não é sobre culpar nossos pais, cônjuges ou qualquer pessoa que tenha nos ferido. Nossos pais nos deram o melhor que podiam dentro das limitações que tinham. Mas, hoje, Deus quer nos levar a um nível mais profundo de entendimento e cura.

A rejeição pode se manifestar de diferentes formas ao longo de nossas vidas, como:

- instabilidade emocional;
- busca desesperada por aprovação;
- vícios emocionais;
- visão distorcida sobre si mesma;
- bloqueios emocionais;
- autossabotagem;
- timidez extrema ou orgulho exagerado;
- dificuldade em dar e receber amor;
- comparação constante com os outros;
- sentimentos profundos de carência e solidão;
- doenças psicossomáticas causadas por traumas não resolvidos.

Talvez você se identifique com alguns desses sintomas. E, hoje, Deus está dizendo: "Eu quero curá-la no mais profundo".

Lia cresceu dentro de uma cultura que exaltava a aparência feminina, mas ela nunca foi vista como bela. Quantas mulheres, hoje, não se sentem assim? Sempre comparadas a alguém mais bonita, mais inteligente, mais carismática. Sempre à sombra de outra pessoa — seja uma irmã, uma amiga, uma colega de trabalho; vivendo com a sensação de que nunca são suficientes.

A busca desesperada por aceitação de Lia: ela sempre soube que não era a primeira escolha. Enquanto Raquel recebia olhares de admiração, ela aprendia a se conformar com as sobras. Talvez tenha passado noites chorando, questionando seu valor. Talvez tenha orado, pedindo a Deus que alguém a escolhesse, que alguém a enxergasse. Mas, em vez de uma escolha baseada no amor, Lia foi dada em um acordo enganoso, sem direito de decidir seu próprio destino.

A história de Lia, Jacó e Raquel é um retrato claro de como a rejeição pode nos levar a uma vida de compensações, tentando conquistar amor e validação de formas que nunca serão suficientes.

Desde cedo, Lia aprendeu que não ser a primeira escolha do mundo pode ser doloroso. Sua identidade parecia estar sempre atrelada ao que lhe faltava, e nunca ao que realmente era.

Jacó também carregava sua própria bagagem de rejeição. Cresceu como o filho menos amado de Isaque, enganou seu irmão Esaú e fugiu para escapar das consequências. Quando chegou à casa de Labão, apaixonou-se à primeira vista por Raquel, e trabalhou sete anos por ela (Gn 29:20). Mas, na noite do casamento, Labão o enganou e entregou Lia em seu lugar. Ela não foi escolhida, foi imposta, usada como parte de um jogo de interesses, sem direito de ser amada de verdade.

Lia passou a vida tentando ser vista, desejada e escolhida. Mas, em vez disso, foi apenas tolerada. Seu casamento se tornou uma busca incessante por aceitação. Ela acreditava que, se fizesse tudo certo, se se esforçasse o suficiente, um dia Jacó a olharia com os mesmos olhos que olhava para Raquel. Mas, quanto mais ela tentava, mais percebia que nunca seria o bastante para ele. O amor de Jacó sempre teria um nome, e esse nome não era o dela.

A busca por aceitação é uma das dores mais silenciosas e peri gosas que uma mulher pode carregar. Ela não grita, mas vai moldando nossas escolhas, sabotando nossos relacionamentos e distorcendo a forma como nos enxergamos. Em algum momento da vida, todas nós já desejamos desesperadamente ser vistas, reconhecidas e amadas. E, muitas vezes, nos moldamos para agradar, nos calamos para caber, nos anulamos para não perder.

Mas há um lugar em Deus onde a aceitação não é negociada — é revelada. E é para esse lugar que Ele quer conduzi-la hoje: o lugar onde você não precisa mais provar nada, apenas permitir-se ser curada.

Lia entrou em um casamento sabendo que nunca seria prioridade. E, desesperada para ser aceita, tentou conquistar Jacó da única forma que podia: tendo filhos. A cada nascimento, ela declarava seu desejo de ser amada. Mas o amor verdadeiro não pode ser comprado. E foi nesse lugar de dor que algo começou a mudar.

Talvez você também tenha buscado aceitação em um casamento, em um relacionamento, em um trabalho, em títulos ou até mesmo em ministérios. Você se doa, se esforça, tenta de todas as formas ser notada, mas o vazio continua. Foi assim com Lia. A cada filho que gerava, ela esperava que Jacó a visse, que ele a valorizasse, mas nada mudava. A rejeição continuava sendo sua realidade.

Muitas de nós passamos a vida inteira tentando ser aceitas, mas buscamos isso nos lugares errados. O vazio da rejeição nunca será preenchido pelo reconhecimento humano, porque essa sede só pode ser saciada pelo amor de Deus.

"Desta vez, louvarei ao Senhor" (Gn 29:35).

Foi nesse momento que Lia foi liberta da prisão da rejeição. Ela entendeu que não precisava mais viver em busca da aceitação de um homem. A mulher rejeitada encontrou descanso nos braços do Pai. Seu valor não vinha mais do reconhecimento de Jacó, mas do amor de Deus.

E essa também é a chave para a sua cura: quando entendemos que já somos amadas por Deus, não precisamos mais mendigar o amor dos outros. O amor do Senhor nos completa, nos cura e nos liberta.

Hoje, Deus está chamando você para esse lugar de descanso. A verdade é que você nunca foi rejeitada pelo Pai. Ele sempre esteve ali, olhando, chamando e esperando que você parasse de mendigar amor onde nunca encontrará plenitude.

Você não precisa mais provar nada. Você já é amada! Você não precisa mais se esforçar para ser aceita. Deus já a escolheu! Você não precisa mais viver à sombra da comparação. Seu nome já está gravado no coração do Pai!

Agora, feche seus olhos por um momento e pergunte a si mesma: "Onde ainda estou buscando aceitação? Quem eu ainda tento impressionar? Onde eu ainda coloco a minha identidade?".

Deus está chamando você para o lugar da verdade, onde Ele trata, cura e transforma. Às vezes, Ele nos leva ao fogo, não para nos destruir, mas para nos lapidar. O fogo dEle purifica, queima o que não vem dEle e revela o valor que sempre esteve dentro de você.

Mesmo que Lia tenha sido marcada pela rejeição, Deus usou sua história para um propósito muito maior. Sua maior dor se tornou o canal da promessa. Daquele ventre que gerou filhos na tentativa de ser amada, nasceu Judá — a descendência do rei Davi, a linhagem que traria ao mundo o próprio Jesus Cristo. Isso nos mostra que Deus não desperdiça sofrimento. Mesmo nas horas mais difíceis, Ele pode transformar nossa história e nos colocar em um lugar de honra. O que para os homens foi rejeição, para Deus foi redenção.

Há um diamante escondido em você, e Deus está extraindo esse tesouro agora. Mesmo que você tenha passado por rejeição, dor ou abandono, você não é o que aconteceu com você. Você foi chamada para cumprir um propósito de Deus. Assim como Lia fez parte de um grande projeto de Deus, você também é chamada para executar algo grandioso para a glória dEle.

Agora, levante-se. Não mais como aquela mulher ferida, mas como a mulher curada, restaurada e cheia da presença de Deus. Chegou o tempo de parar de se enxergar pelas lentes do passado. Você foi chamada para romper! Para curar! Para ser resposta!

A unção que está sendo derramada sobre você não é só para você — é para transformar vidas. Você carrega dentro de si o que o céu confiou para esta geração. Deus está levantando-a como voz, como luz, como cura. Você é uma mulher lapidada. E justamente onde foi a sua dor, Deus está ativando o seu chamado.

BIBLIOGRAFIA

BÍBLIA SAGRADA. Nova Tradução na Linguagem de Hoje (NTLH). Barueri: Sociedade Bíblica do Brasil, 2000.

“O que a feriu foi o solo onde Deus derramou o óleo que cura, e, por meio de você, uma geração será restaurada.”

Que chamado à reflexão ou à ação este capítulo desperta em você?

PRA. FERNANDA RAMOS

Eu me chamo Fernanda Ramos, sou casada com Jorge Ramos e mãe de dois príncipes: Théo e Estevan. Atuo como pastora vice-presidente na Revive Church, ao lado do meu esposo. Sou formada em Biologia, mas logo percebi que meu chamado não estava nos laboratórios ou nas pesquisas. Deus tinha um propósito diferente para mim. Foi então que optei por estudar Teologia no Seminário Unido e, atualmente, sou mestranda em Teologia Bíblica pela Fatelbras.

Ao longo da minha jornada, compreendi que é preciso assumir determinados posicionamentos para que o propósito de Deus se cumpra em nossa vida. E é com esse entendimento que convido você a mergulhar comigo na história envolvente da mulher samaritana. Que este relato marque sua vida de forma poderosa! Vamos lá?

pra.fernandasimoes

+55 (21) 98541-8760

VOCÊ FOI CHAMADA

6

UMA FONTE INESGOTÁVEL À SUA DISPOSIÇÃO

Por Pra. Fernanda Ramos

Graça e paz, querida irmã! Quero convidá-la a se envolver nesta história comigo. Tenho a certeza de que o Senhor falará profundamente ao seu coração de forma intensa e transformadora, assim como falou comigo. Neste capítulo, vamos mergulhar na história narrada em João 4, que nos conta sobre uma mulher que teve sua vida transformada por Jesus.

A mulher de Samaria não tem seu nome descrito na narrativa. Entretanto, o lugar de onde ela vem tem profunda relação com o contexto histórico do capítulo de João — e foi isso que a fez mudar seu percurso após mergulhar na fonte inesgotável que o próprio Messias lhe revelou.

Antes, gostaria de apresentar um pouco dessa rivalidade entre samaritanos e judeus, que vem desde o Antigo Testamento. Após a morte do rei Salomão, o Reino de Israel foi dividido em dois: Reino do Norte (Israel) e Reino do Sul (Judá). O Reino do Norte foi conquistado pelos assírios e, com isso, muitos israelitas foram levados cativos. Além disso, outros povos se estabeleceram ali, o que resultou em uma mistura de culturas e religiões. Outra questão importante a ser destacada é que o Reino do Norte, além de adotar um novo local de culto — construindo um templo no Monte Gerizim —, também passou a utilizar uma versão diferente da Torá. Já os judeus do Sul continuaram adorando a Deus no Templo em Jerusalém e mantiveram como referência a antiga Torá.

Dessa forma, os judeus do Sul alimentaram essa rivalidade tão profunda que, ao longo da história, evitaram qualquer tipo de relação com os samaritanos — inclusive recusando-se a passar por dentro de Samaria quando precisavam ir para a Galileia, por exemplo. Era tão forte essa questão que, ao viajar da Judeia para a Galileia, os judeus preferiam contornar Samaria, atravessar o rio Jordão e só depois chegar à Galileia. Com o passar do tempo, adotaram até mesmo uma forma de vestimenta distinta, para que fossem facilmente identificados à distância. Mais de setecentos anos se passaram até chegarmos à história descrita do livro de João e, até hoje, essa rivalidade entre judeus e samaritanos permanece evidente.

Agora que entendemos o porquê de tal rivalidade, vamos nos aprofundar nessa história linda e encantadora — um dos mais lindos diálogos que há na Bíblia. Um texto riquíssimo e profundo do amor incalculável de um Deus que ultrapassa a cultura e a religião somente para mudar a vida de uma mulher improvável.

"Era-lhe necessário passar por Samaria" (Jo 4:4). A Bíblia não explica por que era necessário passar por ali, mas fica evidente: não era sobre a localização, era sobre um encontro com alguém que precisava mudar sua história.

Tenho a certeza de que, em algum momento da sua caminhada, você também precisou que Jesus intervisse. Na minha vida, não foi diferente. Em um certo momento, tive um verdadeiro encontro com Ele — um encontro que mudou completamente a minha realidade de vida. Assim como aquela mulher samaritana, passei um longo período vagando pela estrada da vida, com a alma afundada em traumas: tentativas de aborto, rejeições, abusos, sentimento de culpa, medo e até tentativas de suicídio. Minha alma estava dilacerada. Eu acreditava que não havia mais sentido para viver.

Em contraste com tudo isso, eu era uma menina que vivia na igreja e amava servir. Desde os 11 anos, ajudava no ministério infantil e, aos 15, no ministério de louvor. Fui, então, deixando a vida me levar. Lembro-me de que, aos 16 anos, ao contar para uma irmã — líder do ministério infantil — que havia me apaixonado por Biologia e que pretendia entrar na faculdade, ela me disse: "Você está sendo treinada desde pequena para ser esposa de pastor. No meio do curso de Biologia, Jesus te chamará para o propósito". Lembro-me de rir e dizer: "Jamais pegarei em um microfone, não tenho esse chamado, eu não sei falar".

De fato, eu era tímida demais e amargurada, pois já havia enfrentado anos de sentimento de rejeição — inclusive desde o ventre, pois minha mãe tentou interromper a gestação. Ao longo da vida, fui criando uma barreira emocional, agravada por traumas como o abuso sexual que sofri. Aos 17 anos, vi minha família se romper com a separação dos meus pais, que mais tarde culminou no divórcio. Naquela época, eu me afundei mais ainda, perdi o chão. O inimigo atormentava minha mente, dizendo que tudo o que eu havia vivido até ali não era uma vida, e que, se eu tirasse a minha, minha família viveria feliz novamente, já que o problema era eu. Então tentei atentar contra minha própria vida. No entanto, sempre que esses pensamentos vinham e o sentimento de morte tomava conta de mim, eu pedia ajuda. Uma amiga sempre me socorria e, enquanto ela se locomovia para me buscar, a esposa do meu pastor permanecia comigo em oração até que ela chegasse. Passei por isso três vezes. E três vezes Deus usou pessoas para me ajudar. Da mesma forma, Ele levantará pessoas para socorrê-la no momento mais intenso da sua dor.

Não sei quais dores você pode estar enfrentando, mas sei que Jesus tem poder para encontrá-la até mesmo no lugar mais improvável que você esteja. No dia narrado por João, no capítulo 4, aquela mulher improvável saiu de sua casa, no horário que ela havia tomado para si como um horário de fuga, fugindo de quem ela era, tentando disfarçar sua dor, evitando encarar a realidade de sua vida amarga, marcada pela rejeição e pelo sentimento de culpa. A Bíblia não relata o que de fato ela viveu — se foi rejeitada por cinco maridos ou se, de fato, era uma mulher vulgar que sempre trocava de maridos. O fato é que, naquele momento, o homem com quem ela estava não era seu marido, o que sugere que ela poderia estar vivendo como amante desse homem, possivelmente casado. Não sabemos mais detalhes do que ela enfrentava, mas o fato é que era rejeitada pela sociedade. As mulheres da região não podiam ser vistas com ela, e ninguém dava crédito ao que ela falava, por conta de seu passado tão obscuro. Mas, naquele dia, tudo mudaria. Ao sair de sua casa, ela não carregava nenhuma expectativa de mudança. Entretanto, Jesus agiu em sua vida de forma sobrenatural.

Talvez hoje você esteja vivendo algo parecido, sem nenhuma expectativa de mudança em sua vida. Por isso, quero convidá-la a sair da sua "casa espiritual", apenas com o cântaro na mão, e permitir que o Senhor Jesus te leve até a Fonte Inesgotável.

Aquela mulher foi ao poço de Jacó com um objetivo claro: buscar água. Mas, de repente, ao longe, ela viu que havia alguém ali, e logo identificou, pela roupa, que se tratava de um judeu. Imagine o que deve ter passado por sua mente: sai de casa num horário impróprio para não encontrar com ninguém e se depara justamente com um judeu, que tem por prática repudiar seu povo.

Talvez, desviando o olhar, ela tenha se aproximado do poço apenas para cumprir sua tarefa. Contudo, naquele momento, ouviu algo que jamais esperaria ouvir, ainda mais vindo de um judeu: "Dá-me de beber?". Algo fantástico aconteceu. Em nenhuma outra parte do diálogo vemos Jesus falar que estava com sede, mas sim que tinha fome — tanto é que seus discípulos haviam ido à cidade comprar comida. O que achei interessante é que Ele criou uma situação para dialogar com aquela mulher. Da mesma forma, hoje, Ele deseja abrir um diálogo com você — que poderá mudar sua história.

Num belo dia, Deus marcou a minha história. Foi quando Ele me chamou para uma conversa e mudou a minha vida. Ele simplesmente me disse: "Tenho um chamado para você; mas, antes, é necessário entender que, para entrar no propósito que tenho para você, é preciso reconhecer que mudanças são necessárias e que elas causarão dores, mas também haverá cura".

Eu precisava entender que tinha uma identidade, que era filha de Deus e que eu deveria perdoar aqueles que haviam ferido minha alma na infância. O que mais me marcou foi quando Ele disse que tudo o que eu havia passado serviria para ajudar tantas outras mulheres que estivessem passando por situações parecidas, para que pudessem sair dessa prisão. Houve muito choro, mas, naquele exato momento de liberação de perdão, recebi o alívio tão esperado por anos. Não foi fácil, mas valeu a pena.

Aquela mulher, naquele dia improvável, saiu de sua casa sem expectativa nenhuma — e teve a oportunidade da mudança. E não a perdeu. Se ela tivesse permanecido dentro da sua zona de fuga, sem permitir que Jesus mostrasse que dentro dEle fluía uma Fonte Inesgotável — e que, se ela bebesse dEle, jamais teria sede em sua alma —, nada teria mudado. E foi exatamente o que aconteceu: ela permitiu que Ele entrasse em seu interior e colocasse em ordem tudo o que estava bagunçado.

O que Jesus precisou colocar em ordem na vida daquela mulher samaritana? A questão do marido, que não era dela — provavelmente ela estava em adultério. Outra questão: as feridas da alma que ela carregava de todos os outros homens que passaram por sua vida. Não sabemos se ela havia sido repudiada por seus ex-maridos, mas uma coisa é certa: a sociedade não queria ser vista com ela. Ela era rejeitada, amargurada, provavelmente caluniada e difamada. Mas, quando Jesus preencheu o que estava em falta em sua vida, ela o questionou acerca de onde deveria ser o lugar da adoração. Foi quando Jesus deu significado à sua história e a curou por completo. Ela o reconheceu como Messias e entendeu que Ele era a Fonte Inesgotável que saciava e preenchia tudo o que estava vazio. E, ali, naquela conversa, ela percebeu que, em Espírito e em Verdade, buscando na Fonte Inesgotável, ela jamais voltaria ao estado lastimável em que vivia.

Imediatamente, ela deixou seu cântaro vazio e foi para o meio do povo falar que Jesus era o Messias, e muitos o aceitaram por causa do testemunho dela. Percebemos, então, que ela teve sua vida transformada em apenas um dia. Aquela que antes se escondia, agora se apresentava para a multidão.

Jesus é a Fonte Inesgotável que deseja transformar a sua história. Você foi chamada para ter uma experiência incrível na Fonte.

BIBLIOGRAFIA

BÍBLIA SAGRADA. King James Atualizada (KJA). Barra da Tijuca: Abba Press, 2019.

Pra. Fernanda Ramos

"Jesus transformou o cântaro vazio em fonte inesgotável."

Que chamado à reflexão ou à ação este capítulo desperta em você?

GLEICIANE SANTOS

Olá! Meu nome é Gleiciane Santos. Assim como você, sou filha de Deus, serva do Senhor Jesus e amiga do Espírito Santo. Sou casada com o pastor Robson Santos e mãe de duas princesas: Ester e Hadassa. Fui chamada por Deus ao ministério missionário em 2011 e ao ministério pastoral em 2021. Sou pregadora da Palavra de Deus e, atualmente, sirvo como pastora auxiliar no Ministério Revive Church.

Quão grande foi a surpresa e a alegria da minha alma ao ser escolhida por Deus para este maravilhoso projeto! Estou certa de que muitas vidas serão impactadas, transformadas e direcionadas por Ele por meio deste livro.

Meu desejo? É que Ele a faça mais firme, forte, sábia e corajosa nas decisões importantes que você deve tomar na vida. Desperte, guerreira!

Salmo da minha vida: Sl 116:12.

pra.gleicianesantos

+55 (85) 98885-8547

VOCÊ FOI CHAMADA

7

A PACÍFICA DE ISRAEL QUE LIVROU UMA CIDADE

Por Gleiciane Santos

Introdução

Você já percebeu que é justamente nos momentos mais cruciais da vida que usamos aquilo que Deus nos deu? Você já passou por uma situação tão extrema que, quando percebeu, tudo já tinha sido resolvido? E não foi por acaso. Foi porque você usou a ferramenta que Deus lhe deu.

Agora, vou lhe contar uma história real de uma mulher que se destacou ao se posicionar em um momento em que ninguém ousou fazê-lo. E, por isso, ela trouxe grande livramento para os seus, para sua cidade e para muitas e muitas gerações.

A Bíblia não nos revela o seu nome, mas deixa registrado o seu legado, que nos serve de exemplo a ser seguido. Ela era uma das mulheres sábias, pacíficas e fiéis de Israel. Ao perceber o cenário de pavor, destruição e morte, sua atitude foi bradar — ou gritar! Mas por que ela bradou? Para que a destruição parasse. Que destruição? A destruição das fortalezas de sua cidade. Por quê? Porque uma vez que as fortalezas são derrubadas, certamente é questão de tempo para que a cidade esteja em ruínas. E o que isso nos ensina? Que devemos estar atentas o tempo todo, sempre vigiando e orando no espírito contra tudo aquilo que venha — ou tente — assolar o que nos é precioso: seja a cidade e suas muralhas, a casa e suas bases, o ministério e seu chamado e, principalmente, a vida espiritual, por meio de uma profunda relação de intimidade e obediência inquestionável a Deus.

Portanto, que por meio desta singela escrita, Deus lhe ajude a identificar o mal, a se posicionar, a utilizar sua ferramenta e a dissipar o inimigo no meio dos seus.

Agora, leia 2 Samuel 20:15-22.

No começo deste capítulo, podemos ver que um homem de Belial, chamado Seba, levantou-se contra o rei Davi, incitando todo o povo a não segui-lo. Ele se aproveitou da fragilidade do reino após a rebelião de Absalão, filho do rei. Você vai perceber que esse homem estava naquela reunião por acaso, e que, em sua amargura, tocou a trombeta e convocou o povo a abandonar o rei, iniciando, assim, um cenário de perseguição, aflição, traição e morte.

Discernimento e posicionamento

Imagine este possível cenário:

Lá estava ela, como em mais um dia normal — talvez lavando as louças, varrendo a casa, fazendo o almoço —, quando, de repente, ouviu barulhos, gritos e correrias.

— O que está acontecendo?

— Estamos sendo atacados!

— Atacados? Por quê? Por quem?

— O exército do rei, seu capitão. Vamos todos morrer! — talvez tenha lamentado alguém daquela pacífica cidade, tomada pelo desespero.

Mas, quem sabe quem é (identidade), o que carrega (unção), para o que foi chamada (missão) e a quem serve (o Senhor dos Exércitos), não se abala, mesmo estando no meio de um furacão.

Talvez você pergunte: mas nessa cidade não havia nenhum homem, nenhum guerreiro que pudesse se levantar e se colocar à frente dessa situação de iminente destruição? Bem, a Bíblia não diz nada a respeito. O certo é que Deus decidiu levantar essa mulher para aqueles dias, assim como levantará você para estes dias! Você crê? Porque, para Deus, não importa se é homem ou mulher, mas sim a disponibilidade e o posicionamento nEle para executar a missão que lhe foi dada.

Discernimento

Uma das definições de discernimento é: aptidão para avaliar algo com sensatez e clareza.

É importante deixar claro que, por trás de todo problema, sempre há uma raiz. E, se não buscarmos a fundo a razão das coisas, jamais poderemos resolvê-las. E foi justamente isso que ela fez. Ela conseguiu ver o que ninguém viu. E, por ser sábia, pacífica e fiel — qualidades de quem anda na presença de Deus —, seu discernimento a levou a buscar uma solução para o problema. Quando todos correram, ela ficou. Quando todos fugiram, ela se posicionou. Quando todos se calaram, ela gritou!

Posicionamento

Posicionar-se é tomar uma posição clara e definida em relação a um assunto ou situação.

Ela gritou!

"Então, uma mulher sábia gritou de dentro da cidade: Ouvi, ouvi; dizei a Joabe: Chega-te cá, para que eu fale contigo" (2 Sm 20:16).

Ela não procurou subterfúgios nem rodeios. **Ela foi direto ao ponto do problema** — Joabe e o exército do rei. Mas por que ela agiu assim? Porque ela sabia quem era — **tinha identidade**. Ela sabia como agir, o que fazer e o que falar. Foi preciso coragem para se colocar como mediadora entre Joabe e a cidade, entre a destruição imediata e a continuidade geracional.

O que move uma mulher a se colocar entre o destruidor e seu povo? Seria a família? Os filhos? O presente? O futuro? O fato é que, quando algo ameaça aquilo que amamos, **devemos** nos posicionar como guerreiras valentes e sábias.

Pergunte-se: quem é o Joabe da minha vida? Será o medo, o pensamento de incapacidade, a ansiedade que me trava e paralisa sempre que me proponho a realizar algo? Ou será algo maior que preciso identificar?

Creia! Deus está chamando você para um novo tempo — **tempo de posicionamento** —, para encarar de frente o problema que tanto tenta afligi-la.

Acredito firmemente que Deus está derramando sobre você uma unção de discernimento e ousadia, coragem e firmeza diante deste "Joabe espiritual" que quer assolar e arruinar as muralhas da história da sua vida.

Solucionando o problema e identificando a raiz

Vejamos agora como ela encarou o inimigo em face de destruição:

> Chegando-se ele, perguntou-lhe a mulher: És tu Joabe? Respondeu: Eu sou. Ouve as palavras da tua serva. Disse ele: Ouço. Então, disse ela: Antigamente, se costumava dizer: Peça-se conselho em Abel; e assim davam cabo das questões. Eu sou uma das pacíficas e das fiéis em Israel; e tu procuras destruir uma cidade e uma mãe em Israel; por que, pois, devorarias a herança do Senhor? (2 Sm 20:17-19).

Conseguiu perceber como ela desarmou o inimigo com palavras diretas e sábias? Que ela, mesmo em sua pacificidade e fidelidade, confrontou Joabe? E que o que ela estava procurando era a paz ao invés da guerra? Que mesmo sendo pacífica, ela não hesitou em falar a verdade? Pois há uma grande diferença entre ser pacífica e ser covarde.

- Pacífico: aquele que ama ou almeja a paz.
- Covarde: aquele que age com temor diante de alguém ou de algo; que não demonstra valentia diante do perigo.

Certamente, essa mulher já estava acostumada a se posicionar como líder em situações difíceis. Possivelmente, não era a primeira vez que ela colocaria fim a uma guerra.

Diante disso, Joabe esclarece a situação e diz:

> Respondeu Joabe e disse: Longe, longe de mim que eu devore e destrua! A coisa não é assim; porém um homem [...], cujo nome é Seba [...], levantou a mão contra o rei, contra Davi; entregai-me só este, e retirar-me-ei da cidade. Então, disse a mulher a Joabe: Eis que te será lançada a sua cabeça pelo muro (2 Sm 20:20-21).

Raiz identificada

Como ela identificou a raiz? Por meio do confronto. E o que podemos aprender com isso? Que **jamais** devemos fugir do problema e que **sempre** devemos encarar de frente a situação.

Joabe parecia ser o problema, mas a raiz era Seba! E por quê? Seba significa "o que é abundante" ou "o que é rico". Ele era da linhagem de Saul, da tribo de Benjamim. Ele estava, por acaso, em uma reunião que não lhe dizia respeito. Apesar da força que seu nome carrega, a Bíblia o descreve como homem de Belial.

Seba prefigura muito bem sentimentos como rebeldia, ressentimento, amargura e rancor. Ele poderia ter usado sua "abundância" ou influência para o bem do povo, mas preferiu utilizá-la para rebelar quase toda uma nação contra o rei. Seba fugiu para uma cidade onde não havia rebelião, uma cidade que era referência por seus conselhos e julgamentos sábios. Eis a raiz: **a rebelião escondida**, **sorrateiramente infiltrada em sua cidade**, **trazendo consigo a destruição**.

Arrancando a raiz

Ela afirma para Joabe: "Eis que te será lançada a sua cabeça pelo muro" (2 Sm 20:21).

> E a mulher, na sua sabedoria, foi ter com todo o povo, e cortaram a cabeça de Seba, filho de Bicri, e a lançaram a Joabe. Então, tocou este a trombeta, e se retiraram da cidade, cada um para sua casa. E Joabe voltou para Jerusalém, a ter com o rei (2 Sm 20:22).

Ela levou o caso ao povo e, com sua sabedoria, trouxe calma e paz à cidade. Ao expor a situação, gerou união de propósito entre todos: cortar a cabeça de Seba. Ou seja, lançar fora do seu meio a raiz de todo o mal que ameaçava a cidade.

Mas por que lançaram a cabeça, e não o corpo? Porque toda rebelião começa na mente. O corpo só se move com o comando da mente. Se Seba permanecesse naquele lugar, seria apenas questão de tempo para que aquela cidade tivesse seu nome mudado de "mãe pacífica" para "cidade rebelde".

Lição para a vida

Precisamos ter muito cuidado com os Sebas que trazem consigo suas rebeliões, ressentimentos, amarguras e rancores para dentro da nossa cidade, da nossa casa — física e espiritual. Esse espírito causará a ruína e a destruição das nossas muralhas, da nossa cidade e da nossa casa espiritual.

Lembre-se: somos templo e morada do Espírito Santo. Muitas vezes, teremos que usar a nossa espada — a Palavra de Deus — com autoridade, para pacificar uma guerra. E isso só será possível decapitando a cabeça de Seba!

Conclusão

Que grande legado nos deixou essa sábia mulher! Apesar de não termos seu nome revelado por Deus, temos algo de maior importância: sua atitude de coragem e fidelidade em face de uma grande destruição. Ela assegurou que sua geração — e outras gerações — pudesse continuar a viver.

Fico imaginando-a andando pelas ruas de sua cidade; como as pessoas a admiravam, a respeitavam e a honravam por seu grande feito. Certamente, seu legado ficou para a história, e a prova disso é que, mesmo depois de muitos séculos, sua lembrança continua viva — e estamos aqui falando a respeito dessa grande mulher de Deus.

Mas eu creio que ela não foi, não é e não será a única mulher a ser levantada por Deus para deixar um grande legado na terra. Certamente, você e eu estamos sendo chamadas a nos levantarmos em sabedoria, fidelidade e coragem, em favor de um povo, tendo por alicerce a paz que vem de Deus. Entremos, pois, nas fileiras deste exército de guerreiras destemidas, sabendo que Aquele que nos chamou é General de guerra que não perde batalha. Deus já deu a você as ferramentas. Desperte, guerreira! Há um legado a ser deixado para as gerações futuras.

BIBLIOGRAFIA

BÍBLIA SAGRADA. Com o texto do livro 3:16 de Max Lucado. Almeida Revista e Atualizada (ARA). Rio de Janeiro: Thomas Nelson Brasil, 2007.

Gleiciane Santos

“Que todos os Sebas infiltrados sorrateiramente na cidade sejam dissipados, e que a paz seja restabelecida por sua sabedoria. Desperte, guerreira!”

Que chamado à reflexão ou à ação este capítulo desperta em você?

PRA. ISABEL DIAS

Cara leitora, meu nome é Isabel Dias. Sou formada em Pedagogia, com especialização em Supervisão, Magistério e Psicodrama Pedagógico. Sou mãe do Lucas, um redator publicitário, amado de Deus. Em 1994, tive um encontro com o Espírito Santo que foi um divisor de águas na minha vida. Recebi um chamado e, assim, compreendi qual era o propósito de Deus para mim.

Desde então, não olhei mais para trás, atuando na área de cura, libertação e intercessão, além de pregar a Palavra.

Atualmente, ajudo a pastora Nytheska no ministério Aviva Débora.

Neste capítulo, vou falar sobre Rute, uma mulher cuja história me tocou profundamente. Que ela possa tocar você também.

isabel_diasisabeldias989

+55 (11) 94711-7368

8

RUTE, UMA MULHER DE CORAGEM

Por Pra. Isabel Dias

No tempo em que os juízes governavam Israel, muitos desafios surgiam por causa das adversidades econômicas e dos conflitos religiosos e sociais da época.

Houve um homem chamado Elimeleque, de Belém de Judá, que enfrentava dificuldades financeiras. Em meio a uma fome devastadora, ele decidiu, junto com sua esposa Noemi e seus dois filhos, Malom e Quiliom, partir para uma terra chamada Moabe, em busca de novas oportunidades

Em Moabe, Elimeleque estabeleceu raízes, mas foi lá que veio a falecer. Seus filhos se casaram com mulheres moabitas, Orfa e Rute, mas também faleceram naquela terra.

Noemi, então viúva de Elimeleque, enfrentou um dia de calamidade que chegou sem aviso. Assim como uma tempestade que surge repentinamente no céu azul, a adversidade abateu-se sobre sua vida.

Com a perda do marido e dos filhos, Noemi não apenas perdeu seus amores, mas também sua fonte de sustento e provisão. Restaram-lhe apenas as duas noras; a situação era desoladora! Sem um provedor ou herdeiros, como sobreviveria uma mulher sem marido, filhos ou qualquer base financeira? As noras também enfrentavam um futuro incerto, marcado pelo medo e pelas incertezas.

Quando a tempestade chega, a esperança parece desparecer e, com ela, a capacidade de enxergar um caminho.

É nesse contexto desesperador que quero contar a história de Rute, nora de Noemi, e como suas atitudes e posicionamentos a levaram a viver a plenitude do que Deus havia preparado para ela.

Diante de tanta dor, Noemi percebeu que só havia uma direção a seguir: voltar para o seu povo. Ela soubera que Deus havia visitado os israelitas em Belém e enviado provisão. No entanto, ao longo do caminho, Noemi refletiu e concluiu que o melhor para suas noras seria retornarem à casa de seus pais, em busca de um novo casamento. Ela já estava velha demais para se casar e ter filhos, não possuía recursos financeiros e sentia que nada mais poderia oferecer.

Assim, decidiu que o único caminho viável seria voltar para sua terra em busca de sustento e livramento.

No entanto, os pensamentos de Deus eram muito maiores do que os dela, mas, naquele momento de desespero, Noemi não conseguia enxergar uma saída. Ao sugerir que suas noras voltassem para suas casas, ela estava pensando no que julgava ser melhor para elas.

As circunstâncias da vida, porém, confrontaram-nas com uma escolha difícil.

Orfa, emocionada, decidiu acolher o conselho de Noemi e voltar para a casa de seus pais. Embora amasse a sogra, o medo falou mais alto, levando-a a escolher a segurança do que já conhecia.

Rute, por outro lado, tomou uma decisão ousada, baseada na fé, compaixão e coragem. Ela decidiu confiar no Deus de Noemi, abandonando os deuses de sua terra natal e optando por seguir sua sogra por amor. Um amor que exigiu dela uma escolha corajosa — renunciar aos seus próprios sonhos para cuidar de Noemi.

Fico encantada com essa mulher que, mesmo podendo escolher um caminho mais fácil, optou por seguir o caminho mais difícil, guiada pela compaixão. Muitas vezes, assim como Rute, encontramos nossas Noemis pelo caminho.

Às vezes, essa Noemi pode ser um filho, um cônjuge, uma amiga. Caminhar ao lado delas nem sempre é fácil. O que expressam pode nos ferir, por conta da dor e da amargura que carregam. No entanto, sejamos como Rute, que soube suportar os espinhos que vinham de sua sogra!

Foi necessário que Rute rompesse com tudo o que conhecia — saindo da zona de conforto de sua família, de seu povo e de seus costumes — para acompanhar Noemi em uma terra onde seria apenas uma estrangeira.

Muitas vezes, Deus nos oferece novos caminhos, mas essa nova estação vem acompanhada de desafios que exigem confiança e fé.

Ao se tornar nora de Noemi e conviver com ela, Rute certamente deve ter ouvido as histórias sobre o Deus de sua sogra e sobre sua terra natal. Quando Rute declarou que não deixaria Noemi, e que para onde a sogra fosse, ela iria também, afirmando que seu povo seria o povo dela e que o seu Deus seria o Deus dela, o Espírito de Deus já estava testificando em seu coração que Ele também era o seu Deus. Assim, Rute demonstrou coragem, confiança e fé ao seguir por um caminho totalmente desconhecido.

E, então, ambas seguiram para Belém. Ao chegarem lá, o povo se compadeceu delas. Surgiram questionamentos: será que era Noemi mesmo, depois de tanto tempo?

Não foi fácil o caminho da volta. O retorno com perdas é um cenário de humilhação. O coração de Noemi estava amargo; ela se sentia acusada pelas decisões do passado. Sua alma estava destruída. A fatura pelas más escolhas havia chegado. Mas Rute estava com ela, e sua fidelidade à sogra não passou despercebida pelo povo de Belém. Quando tomamos um posicionamento guiado pela direção do Espírito Santo, Deus trabalha a nosso favor para que encontremos graça diante dos outros!

Elas haviam chegado ao seu destino — Belém. Agora, era necessário buscar estratégias para garantir o sustento de ambas. Coincidentemente, chegaram no início da colheita de cevada. Deus já estava tecendo um plano de restauração.

Noemi tinha um parente próximo, um homem rico da família de Elimeleque, chamado Boaz. Deus precisava apenas que Rute se posicionasse ao lado de sua sogra para começar a operar em suas vidas. Movida pela coragem, Rute viu a oportunidade de trazer sustento e tomou a iniciativa de ir ao campo colher espigas. Ela não permitiria que as dificuldades a parassem.

Naquele tempo, os necessitados podiam ir aos campos colher as espigas que sobravam. Embora não fosse uma tarefa fácil, era um trabalho braçal que exigia humildade.

Quantas vezes somos paralisados pelo medo diante dos desafios que a vida nos apresenta? Mas Rute não se deixou intimidar. Ela não ficou parada, tomou uma atitude, posicionou-se e foi atrás do sustento, não se importando que era um trabalho braçal. Mais uma vez, vemos a mão de Deus nas circunstâncias: Rute foi parar justamente na parte do campo que pertencia a Boaz. Ao vê-la, ele perguntou quem era aquela jovem. Ao saber que se tratava da nora de Noemi, começou a nutrir admiração por Rute e pela forma carinhosa com que ela cuidava da sogra.

Noemi, ao perceber o interesse de Boaz, lembrou-se de que ele poderia ser o resgatador de Rute, já que era um parente próximo de seu falecido marido. Naquela época, o resgatador era alguém que recuperava a propriedade ou a liberdade de um parente empobrecido. Portanto, assim como o Senhor nos resgatou da escravidão, Boaz seria o resgatador de Rute.

Dessa forma, Noemi orientou Rute a se encontrar com Boaz e demonstrar sua disponibilidade. Rute, em obediência, seguiu as instruções de sua sogra. A estratégia trouxe resultados, mas havia um obstáculo: outro resgatador estava à frente. Logo, Noemi disse a Rute para aguardar, pois sabia que aquele negócio pertencia a Deus.

Tudo o que semeamos com amor e renúncia gera frutos de alegria, paz e honra.

Ao falar com o outro resgatador, ele se mostrou impossibilitado de cumprir seu papel, abrindo caminho para que Boaz se casasse com Rute. Assim, Noemi e Rute experimentaram o tempo da restituição e da honra de Deus.

Boaz se casou com Rute, restaurando a sorte daquelas duas mulheres. Rute gerou Obede, que veio a ser avô de Davi.

O processo pelo qual Rute teve que passar junto de Noemi foi um caminho estreito, marcado por perdas e escassez, mas o Espírito de Deus esteve com elas por onde quer que fossem, dirigindo seus passos.

Rute tinha um coração quebrantado e cheio de compaixão. Seus passos em direção à restauração não dependiam somente da graça de Deus, mas também de seu posicionamento. Ela poderia ter se deixado levar pelo vitimismo, murmurando e lamentando suas perdas, mas sua atitude foi diferente: saiu do lugar da dor e olhou para a dor do próximo, estendendo a mão e o coração para ajudar sua sogra. Ela não se importou em colher as espigas que caíam. Expondo-se sem orgulho, compreendeu a realidade em que estavam e lutou honestamente pelo sustento de ambas.

Era um tempo de humilhação para aquelas mulheres, mas Rute não se deixou paralisar, pois tinha uma mente renovada e um coração alinhado com Deus.

Quantas vezes, ao atravessamos os desertos da vida, ficamos paralisadas? A esperança e a fé se perdem, e o medo nos cega e nos paralisa.

Quando penso em Rute, vejo a noiva de Cristo — a Igreja —, que acolhe de braços abertos as Noemis que chegam, muitas vezes com suas vidas arruinadas e sem esperança. O amor de Rute por sua sogra foi um amor altruísta. Nele habitava o amor de Deus, o amor Ágape. Esse é o amor que vence o mundo! Um amor que tudo suporta, tudo sofre e não se exalta.

Não havia nada que Noemi pudesse oferecer a Rute, mas, mesmo assim, Rute ofereceu seu tempo, renunciando aos seus sonhos, abraçando Noemi e ajudando-a a superar seus obstáculos. Ao caminhar e se dispor a ajudar sua sogra, Rute pode ter pensado que ninguém a estava vendo, mas ela chamou a atenção de Deus, que a contemplava. Rute agradou ao Senhor, mesmo sem esperar receber nada em troca — e Ele a recompensou, restaurando sua vida em todas as áreas.

Embora Rute fosse uma moabita, uma estrangeira que cresceu em meio a um povo perverso e que sofreu perdas, ela não tinha direitos. No entanto, seu coração a fez brilhar diante de Deus, e a sua graça a redimiu, tornando-a parte da genealogia de Cristo.

Agora, quero convidá-la a romper com os grilhões que têm amarrado sua vida, impedindo-a de viver a abundância que Deus preparou para você. Assim como Rute, saia do lugar da sua dor e ouse trilhar os novos caminhos que Deus tem para você.

O Senhor é o Deus de recomeços, mas, assim como Rute, precisamos aprender a nos libertar daquilo que nos amarra, para então experimentarmos o novo de Deus. Ele chamou-a para curar suas dores e transformar a sua vida, derramando bálsamo sobre suas feridas por meio do Seu Espírito.

Assim, como uma nova mulher, você poderá ser testemunha dEle para resgatar outras Noemis.

BIBLIOGRAFIA

BÍBLIA SAGRADA. João Ferreira de Almeida (JFA). Santo André: Geográfica Editora, 2013.

Pra. Isabel Dias

"Deus nos transformou em Rutes, curando nossas feridas para que possamos ajudar outras Noemis a se tornarem Rutes. Para isso, você foi chamada."

Que chamado à reflexão ou à ação este capítulo desperta em você?

JAQUELINE CHASTAI BELO

Olá, querido(a) leitor(a)! Meu nome é Jaqueline Chastai Belo. Sou paranaense, neta de ucranianos, e por um tempo fui postulante em um colégio para formação de freiras. Após deixar esse lugar, parti para Rondônia, onde advoguei e lecionei através de concurso na Universidade Federal de Rondônia. Mais tarde, me aposentei no Tribunal de Justiça, onde atuava como analista judiciária/oficial de justiça. Atualmente, eu e meu esposo, o pastor Sérgio Murilo Belo, servimos ao Reino como membros da Revive Church. Sou cristã há dezenove anos, chamada à intercessão pela pastora Nytheska Alves. Sou advogada, professora, amo pregar a Palavra de Deus — meu prazer é realizar a vontade do meu amado Pai na terra.

Eu me identifiquei com a personagem que escolhi. Espero que minhas palavras edifiquem você, pois foram revelação do céu para sua vida!

jaquelinechastai

+55 (69) 999882920

jaquelinechastai@hotmail.com

chastaijaqueline@gmail.com

jaquelinechastai

VOCÊ FOI CHAMADA

9

NOEMI, UMA HISTÓRIA DE SUPERAÇÃO

Por Jaqueline Chastai Beso

Naquele tempo, quando o povo de Deus — os israelitas — era governado por juízes, a fome se instaurou em Belém de Judá. Não havia rei em Israel; portanto, o povo de Deus fazia o que bem parecia reto aos seus olhos. O povo pecava de forma deliberada e sofria as consequências desses pecados. Quando clamavam a Deus, por misericórdia, o Senhor levantava um juiz para os ajudar.

A fome naquela região foi o resultado do peso da mão de Deus sobre os pecados cometidos enquanto nação. A Bíblia adverte que o resultado da desobediência a Deus traz um castigo para a nação (Dt 28:15-16).

É nesse contexto que surge Noemi — cujo nome significa "amável" —, esposa de Elimeleque, com quem teve dois filhos. Por decisão exclusiva do marido, Noemi e os filhos foram levados a deixar Belém de Judá para peregrinar nos campos de Moabe, uma região próxima que não havia sido atingida pela seca. Deus estava tratando com Seu povo, Israel, e Moabe não fazia parte desse povo.

Como um bom provedor de sua casa, Elimeleque foi atrás do pão que sacia a fome, procurando uma saída para a sua família. Contudo, ele não consultou a Deus. Para ele, Moabe parecia ser um último refúgio — mas a Bíblia nos ensina que Deus é nosso refúgio e fortaleza, auxílio sempre presente na adversidade (Sl 46:1). Toda saída e direção que não são da vontade de Deus — e para as quais Ele sequer foi consultado — jamais trarão realizações. Pelo contrário, serão aberturas para impedimentos que levam à morte.

Elimeleque tinha a intenção de passar apenas um tempo em Moabe, mas a história mostra que sua família permaneceu naquela terra por mais de dez anos. Os moabitas eram desprezados pelos judeus, pois não professavam a mesma fé e eram conhecidos pela prática de abominações ao Senhor. O problema não estava somente em estar no lugar errado, mas em não ter a aquiescência de Deus para estar ali.

Naquela época, a mulher dependia exclusivamente do marido, que era visto como seu senhor. Noemi, submissa e obediente, não esboçou opinião. Contudo, com o passar dos dias, experimentou a sua primeira perda: a morte do esposo. Em Belém, considerada a Casa do Pão, não havia pão. Houve fome. Mas agora, nas terras de Moabe — onde não havia fome —, havia uma dor que remédio nenhum poderia curar e uma fome que pão algum poderia saciar.

Dez anos se passaram. Noemi encontrava-se em uma terra estranha, acompanhada dos dois filhos, que se casaram com mulheres moabitas. O problema inicial da fome havia sido resolvido, mas, com o passar de mais um tempo, seus filhos também morreram.

Em uma sociedade dominada por homens, mulheres que não tinham o amparo de um pai, de um esposo ou de filhos homens para cuidar delas eram consideradas amaldiçoadas e poderiam até morrer de fome. Noemi, então, estava sozinha, com as duas noras, em uma terra estranha, o que a levou a entender, em meio às dores, que a mão do Todo-Poderoso havia pesado sobre ela. Contudo, ela não estava percebendo que aquelas perdas eram consequência do erro do esposo, por não ter observado a vontade de Deus, e não das ações dela.

Na verdade, Deus estava preparando, a partir daquele momento, uma oportunidade para que Noemi alcançasse um futuro excelente. A fidelidade de Deus estava sobre ela, honrando sua obediência, submissão e perseverança ao lado da família. O Senhor começaria, a partir dali, a guiar os seus passos, traçando um novo e lindo caminho para ela. Noemi estava prestes a tomar uma decisão que mudaria completamente a sua história.

Deus é o Deus dos recomeços e das novidades

Em meio a esse caos, Noemi não desejava mais que a chamassem por seu nome, mas sim por Mara, que significa "amarga", tamanha era a dor que assolava sua alma. As decepções se davam em cadeia, porque "um abismo chama outro abismo" (Sl 42:7). Ela perdeu, por um tempo, sua identidade com o Pai, enxergando-o como castigador, atribuindo a Ele esse castigo sobre sua vida e permitindo que o peso do sofrimento ofuscasse sua visão espiritual.

Mas Deus tem um propósito, inclusive na dor. É nela que Ele forja nosso caráter e a nossa maturidade, permitindo que decidamos pela permanência na dependência dEle e que não abramos mão da Sua Presença e de Seu controle em detrimento das circunstâncias.

Deus não tem compromisso com o que ocorre ao nosso redor, mas sim com a Sua Palavra e com a promessa liberada sobre as nossas vidas. "Porque assim será a palavra que sair da minha boca: ela não voltará para mim vazia, antes fará o que me apraz, e prosperará naquilo para que a enviei" (Is 55:11).

No plano de Deus, não há atalhos. Sair do trilho profético traçado por Ele para nossas vidas traz consequências, como o descarrilamento de um trem, gerando prejuízos em todas as áreas e alcançando até mesmo outras gerações. A vontade de Deus é boa, perfeita e agradável (Rm 12:2). O melhor lugar desta terra é onde Ele estiver conosco. Se Ele estiver presente, ainda que em meio à adversidade, passaremos por tudo com Sua companhia fiel, e certamente teremos vitória.

Deus honra a obediência e supre com força, graça e acolhimento, evitando dores e prejuízos. Assim afirma a Sua Palavra: "A benção do Senhor é que enriquece, e ele não acrescenta dores" (Pv 10:22). Em Mateus 4:4, "Jesus, porém, afirmou-lhe: 'Está escrito: Nem só de pão viverá o homem, mas de toda a palavra que sai da boca de Deus'".

Quem se afasta da direção de Deus, encontra-se com a fome. A nossa motivação não deve ser apenas saciar a fome de pão (alegria, saúde, fartura, prazer etc.), mas ter a certeza de que, em cada escolha, Ele está conosco. O Senhor nunca nos desamparará e sempre socorrerá Seus filhos onde quer que estejam, desde que permaneçam dentro da Sua vontade.

Em Êxodo 33:15, está escrito: "Replicou Moisés: se não vieres tu mesmo, não nos faça sair daqui". Essa verdade ecoa na história de Noemi. Em menos de três anos, três homens — seu marido e seus dois filhos — morreram, deixando três viúvas sem filhos. A vergonha e a desonra pública recaíram sobre Noemi, uma mulher que, aos olhos humanos, jamais conseguiria se reerguer com suas próprias forças. Porém, mesmo em meio ao luto e à dor, em seu coração existia a certeza de que seu Deus ainda estava com ela.

Naquele momento, então, Noemi já podia tomar decisões acertadas, pois compreendia que Deus tinha um propósito, inclusive na dor. "O Senhor criou tudo o que existe com um propósito definido" (Pv 16:4). Um lugar de dificuldade — deserto — pode ser, na verdade, uma porta de saída, um escape preparado por Deus. Ele é o Deus de oportunidades.

No deserto, Deus nos conduz para falar ao nosso coração. Os desertos são lugares de capacitação, e não de destruição. Noemi estava nesse deserto, experimentando isso tudo, mas Deus conhecia o seu coração e estava trabalhando suas emoções. Foi então que Noemi decidiu retomar a sua vida, agora sob seu comando — e isso mudou a sua história.

Ela escolheu deixar Moabe, lugar de suas maiores frustrações e perdas, e voltar para sua terra natal; e precisava tomar uma decisão sobre o destino de suas noras — viúvas e moabitas —, sem prejudicá-las. Deus a estava esperando para suprir sua escassez, porque nenhum sofrimento dura para sempre. Era costume judaico que os filhos vivos se casassem com as noras viúvas, porém Noemi sabia da sua realidade: não tinha mais filhos, tampouco marido que pudesse gerar outros para que elas se casassem. Portanto, ela não teria como suprir as necessidades das noras. Foi então que, no percurso da viagem à Belém, decidiu se despedir delas, entendendo que o melhor seria que voltassem para suas casas e famílias de origem e reconstruíssem suas vidas. Noemi as abençoou e encorajou a seguirem em frente. Compreendia que, naquele momento, suas noras deveriam fazer escolhas sábias e tomar um novo rumo para suas vidas. Sabia que a única coisa que ela tinha para disponibilizar a ambas era a amargura que estava vivendo. Entendia que elas teriam que decidir por elas, porque as escolhas de hoje são veículos de alegrias ou de dores e sofrimentos no amanhã — como ela mesma experimentara no passado, com as escolhas erradas de seu falecido esposo. Ademais, Noemi temia que, por serem estrangeiras, suas noras não conseguissem se casar na terra de Israel e fossem rejeitadas por sua origem. O que Noemi não sabia era que Deus já havia preparado, lá na frente, um destino glorioso. Algo extraordinário iria acontecer, pois Ele permanecia no controle da vida e da história.

A nora chamada Rute decidiu, com insistência, permanecer com Noemi (Rt 1:16). Ao chegarem a Belém, Noemi ainda carregava um sentimento de amargura, a tal ponto que quase não a reconheceram, pois a dor e os sofrimentos a haviam marcado de forma tão intensa que a desfiguraram. Ela contou sua história de dor às mulheres da cidade com franqueza e humildade — virtudes que carregava consigo. As mulheres comentavam a seu respeito e, assim, todos ficaram sabendo de sua história, aprovando o comportamento da nora moabita por sua fidelidade a Noemi. Esta, por sua vez, agia sempre com sabedoria e estratégia, orientando a nora sobre como deveria se portar diante daquele povo. Tanta coragem para recomeçar, a provisão do pão, o enfrentamento da situação e das pessoas no retorno — nada disso vinha de homens, mas sim de Deus. Elas ainda não percebiam, mas era Deus quem estava usando aquela situação para conduzi-las para dentro do Seu propósito.

Na sequência, Rute se casa e tem um filho que entra na genealogia do Salvador. Ela permanece ao lado de Noemi, cuidando da sogra, que se torna trisavó de Davi. Noemi atraiu a nora para a presença de Deus e mostrou que ela precisava estar com Ele e andar em Sua vontade. Noemi não percebia, mas já estava mentoreando uma mulher — influenciar é necessário. Assim, Rute se espelhou nas virtudes da sogra, e a maior delas era o amor.

Por isso, o Deus que fez a promessa é fiel para cumprir, no tempo dEle. Aquilo que parece ter dado errado, dará certo! Que espetacular! Há um plano profético do Pai para cada um de nós. Uma história de superação só é possível quando retornamos à vontade e ao plano do Pai — à casa do verdadeiro Pão.

BIBLIOGRAFIA

BÍBLIA SAGRADA. King James Atualizada (KJA). São Paulo: Abba Press e Sociedade Bíblica Ibero-Americana, 2012.

BÍBLIA SAGRADA. Bíblia de Estudo Pentecostal. Almeida Revista e Corrigida (ARC). Rio de Janeiro: Casa Publicadora das Assembleias de Deus, 1995.

Jaqueline Chastai Beso

"Deus é o Deus dos recomeços e das oportunidades. Com Ele está o novo e vivo caminho."

Que chamado à reflexão ou à ação este capítulo desperta em você?

LANA BRASIL

Meu nome é Lana Brasil, nasci na cidade de Juazeiro do Norte, no Ceará. Sou mãe de Luana Stephany, pregadora e mentora. Tenho formação em Gestão de Recursos Humanos, sou técnica em Radiologia e tenho especializações em Administração de Empresas, Teologia, Missiologia, Psicanálise e Contoterapia, além de diversos outros cursos paralelos que realizei. Sempre busquei conhecimento e crescimento no saber para melhor exercer o meu chamado. Ao longo da minha trajetória, liderei diversos departamentos ministeriais, cooperando, assim, com a unidade e o crescimento da igreja. Aprendi a aplicar tanto o meu conhecimento acadêmico quanto o espiritual na minha vida pessoal, profissional e ministerial. Sou intensa, alegre, carismática e cheia do Espírito Santo. Tenho me dedicado a ajudar pessoas a serem livres e a encontrarem o seu propósito em Deus.

lana.brasill
Lana Brasil
lanabrasilofc@gmail.com

VOCÊ FOI CHAMADA

10

LÍDIA, A *SOCIALITE* QUE TEMIA A DEUS

Por Lana Brasil

Lídia era uma mulher temente a Deus, embora ainda não conhecesse Jesus. Talvez você não tenha ouvido falar muito sobre ela ou nem sabia de sua existência na Bíblia, mas Lídia é mencionada em Atos 16:14-15, que diz:

> Uma certa mulher, chamada Lídia, vendedora de púrpura, da cidade de Tiatira e que servia a Deus, nos ouvia, e o Senhor lhe abriu o coração para que estivesse atenta ao que Paulo dizia. E, depois que foi batizada, ela e a sua casa, nos rogou, dizendo: 'Se haveis julgado que eu seja fiel ao Senhor, entrai em minha casa, e ficai ali'. E nos constrangeu a isso.

Lídia era uma mulher empreendedora, renomada, bem-sucedida, rica, influente e popular. Comercializava um produto de alto padrão que nem todos podiam comprar. Muito provavelmente, apenas pessoas com alto poder aquisitivo eram seus clientes. Seu padrão econômico elevado permitia que ela transitasse entre a alta cúpula da sociedade. Assim, podemos considerar que ela era uma espécie de *socialite* dos dias atuais.

Um dos destaques sobre Lídia é que ela era temente a Deus, sempre atenta ao ensino da Palavra, com uma vida de oração e sensibilidade espiritual — algo que ficava evidente no fato dela estar reunida à beira do rio com outras mulheres, orando. Porém, somente isso não era suficiente para que fosse salva. Lídia sentia a necessidade de conhecer a Deus com mais profundidade e, como uma mulher temente, buscava, por meio da sua vida religiosa, acessar as profundezas de Deus. Ela sabia sobre Deus, mas ainda não tinha um relacionamento com Ele — algo que só seria possível por meio do conhecimento da obra da cruz realizada por Jesus. Foi Jesus quem estabeleceu um novo pacto entre Deus e a humanidade, pois somente por meio dEle temos acesso ao Pai. Em João 14:6, o próprio Jesus diz: "Eu sou o caminho, a verdade e a vida. Ninguém vem ao Pai, senão por mim". Essa é a expressão clara de que o único mediador entre Deus e o Seu povo é Jesus Cristo, o autor do ápice do plano de salvação para a humanidade. A obra da cruz é um chamado à transformação pessoal, refletindo uma vida que glorifique a Deus e nos permita receber todos os benefícios que Jesus conquistou, inclusive a salvação eterna.

Dito isso, percebe-se que Lídia, mesmo cumprindo a lei e as práticas religiosas, bem como realizando boas ações, ainda assim não estava salva. Contudo, Deus tinha um plano para ela. Quando alguém demonstra interesse genuíno por Deus, com certeza Ele providenciará os meios para que essa pessoa receba o conhecimento necessário para a vida eterna. E foi justamente naquele cenário de busca e oração à beira do rio que Deus escolheu Lídia para ouvir a mensagem que mudaria sua vida por completo.

A Bíblia relata que Deus abriu os ouvidos de Lídia, de modo que ela prestou atenção às palavras proferida pelo Apóstolo Paulo, no exercício do seu chamado de pregar o evangelho. Paulo se dispôs a declarar todo o desígnio de Deus que era essencial para que Lídia compreendesse a verdade. E essa era a parte que competia a ele desempenhar no processo de conversão dela.

Não se sabe exatamente qual mensagem Paulo pregou, mas é certo que ela o ouviu dizer: "Quem crê e for batizado será salvo". Ao ouvi-lo, teve o coração aberto pelo Espírito Santo, compreendendo, por revelação divina, quem Jesus é e o chamado à conversão. Assim, Lídia não resistiu ao chamado de Deus para sua vida, aceitando-o publicamente. Ela estava no lugar certo com o coração certo e, imediatamente, decidiu crer e se batizar. Reconheceu que nada neste mundo era mais importante do que atender ao chamado de Deus para sua vida. Confiança, fé e decisão marcaram e mudaram a história dela e de toda a sua casa.

Dessa forma, perceba que o propósito que Deus tinha para Lídia era maior do que ela poderia imaginar. Ela provavelmente já tinha ouvido falar do Deus único, mas não da salvação em Cristo Jesus, o filho de Deus.

Não foi por acaso que Paulo e ela estavam no mesmo local de oração. Deus havia marcado aquele encontro para revelar seu propósito a ela. O chamado de Deus não é apenas um convite. Na verdade, ele é um direcionamento que traz sentido e propósito para a vida.

A propósito, saiba: não é por acaso que escrevi esta mensagem, e tampouco é por acaso que você está lendo. Cara leitora, o próprio Deus marcou este encontro com você. É necessário dizer que Deus está chamando-a para tomar decisões hoje, pautadas no propósito que Ele tem para sua vida. Não importa o nível social ou econômico em que você está inserida. Deus tem preparado um cenário para te encontrar. Desde o Éden até aqui, Deus tem um plano para nos salvar e um propósito para realizarmos. Certamente Ele sonda o nosso coração e sabe o momento exato em que vai nos encontrar e nos levar para mais perto dEle. Agora, a pergunta é: assim como Lídia, você tem temido a Deus? Sente que está usando sua influência para cumprir o seu chamado?

Lídia foi uma das primeiras pessoas convertidas por meio do ministério de Paulo na Europa — se não a primeira —, e sua conversão marca o início de uma nova época. O Senhor mudou os planos de Paulo, cuja intenção era permanecer na Ásia, enviando-lhe orientação por meio de um sonho, chamando-o para a Macedônia com a finalidade de alcançar Lídia.

Nessa história repleta de intervenções divinas, vemos a soberania de Deus atuando para a salvação, revelando Seu cuidado e Sua providência para com os Seus escolhidos. A Bíblia diz, em João 15:16: "Não foram vocês que me escolheram, mas fui eu que escolhi vocês". A salvação é iniciativa de Deus — é o próprio amor vindo ao nosso encontro, oferecendo-nos a graça da redenção.

A Europa precisava ser evangelizada, e Lídia se dispôs ao plano do Senhor para que isso acontecesse. Mulher ousada que, logo após converter-se ao cristianismo, imediatamente compartilhou sua fé recém-descoberta em Jesus com todos da sua casa. E todos decidiram crer e se batizar juntamente com ela. Portanto, Lídia usou sua influência para impactar o meio em que estava inserida, anunciando Jesus com coragem e determinação.

Quando decidimos viver o cristianismo de fato, sentimos a necessidade de corresponder ao chamado de Deus. Se alguém se intitula cristão e não faz nada, alguma coisa está errada na sua decisão de fé. Se você tem dúvidas sobre por onde começar a exercer seu chamado, faça como Lídia: inicie orando. Comece falando com Deus: "Senhor, a ti abro o meu coração. Usa-me, estou disponível". De alguma forma, o Senhor nos instruirá naquilo que devemos fazer. Independentemente de onde estivermos, temos a capacidade de influenciar pessoas e apresentar Cristo a elas. Lídia nos deixa um testemunho de universalidade, que não faz acepção de pessoas, independentemente de sua posição social. Apesar de ter um padrão econômico elevadíssimo, ela se manteve humilde e não se intimidou em anunciar as boas-novas aos ricos de sua época.

Portanto, se Deus acessou o coração de Lídia, isso significa que Ele deseja salvar a todos, inclusive os ricos. Deus não faz acepção de almas; a salvação está acessível a todos, pobres ou ricos. Jesus morreu para que todos tivessem direito à vida eterna. Ele envia um convite sincero, chamando-nos a abrir a porta do nosso coração. Ele deseja compartilhar uma comunhão plena conosco. E aqui, não estou falando apenas de quando somos chamados pela primeira vez a aceitar o evangelho, mas também da importância de mantermos o coração aberto para ouvir a voz de Deus diariamente. Assim, conseguiremos exercer nosso chamado e cumprir nossa missão conforme a vontade do nosso Pai.

Lídia acessou esse lugar de comunhão plena e intimidade com Deus e, por isso, ela logo atendeu ao Seu chamado, tornando-se uma anfitriã generosa ao convidar Paulo e seus companheiros para ficarem em sua casa. Essa atitude nos inspira, pois reflete os frutos da semente do evangelho e os valores cristãos que devemos exercer.

A história de Lídia nos fornece grandes lições em diversos aspectos, desde sua sensibilidade espiritual até sua decisão de fé e disposição em responder ao chamado de Deus. A vendedora de púrpura nos ensina e inspira a sermos ousadas, a priorizarmos a fé, a estarmos com pessoas que buscam a Deus, a estarmos prontas para ouvir o chamado do Senhor. Lídia nos lembra da importância de nunca perdermos a humildade, de não amarmos o dinheiro, de buscarmos incansavelmente a verdade, de obedecermos a Deus, de usarmos nossa influência com propósito, de termos um bom testemunho, de sermos generosos, honrosos, hospitaleiros e corajosos. Enfim, são muitos os ensinamentos que podemos extrair da história dessa grande mulher. Sua vida tornou-se um poderoso testemunho de fé e transformação.

Quando ela disse: "[...] Se haveis julgado que eu seja fiel ao Senhor [...]" (At 16:15), ela estava, na verdade, dizendo: julguem o meu testemunho, vejam a minha vida, que tem sido correta diante do Senhor. Percebam que minha conduta, minhas palavras e atitudes e minha reputação apontam para Deus. Ou seja, Lídia demonstrou fidelidade a Deus em toda a sua trajetória, e foi responsável por formar a primeira igreja da região, em sua própria casa. Ela foi a primeira mulher a abrir as portas para a evangelização na Europa.

Lídia não buscou reconhecimento por seus feitos, mas ela se tornou uma gigante na fé. Ela não parou nem retrocedeu diante das adversidades. Foi uma desbravadora em sua época — fez o que ninguém ainda havia feito e chegou aonde muitos não chegaram. Ela decidiu viver tudo o que Deus tinha para ela, com tudo o que já possuía.

Por meio do exemplo de Lídia, concluo que testemunho não é o que eu falo, mas aquilo que eu decido viver. Ela se dispôs a ser tratada pelo Espírito Santo e, com isso, atraiu a unção. A unção é uma espécie de selo que confirma que a presença do Senhor está com essa pessoa.

Muitos procuram a unção como se fosse algo místico, uma espécie de poder de Deus para serem vitoriosos, felizes, endinheirados, poderosos; mas a Bíblia nos ensina a buscar a plenitude do Espírito de Deus, que é o Seu controle e Seu domínio sobre as nossas vidas — o poder da Sua presença para servirmos a Deus. Ou seja, a unção vem sobre a vida daqueles que se permitem ser governados por Ele.

Veja, muitas pessoas estavam orando com Lídia, mas somente o nome dela foi registado na Bíblia como alguém temente a Deus. Você também pode ser um gigante na fé. Levante-se com coragem, escute a voz do Senhor chamando-o, busque a Sua presença, decida segui-lo todos os dias e submeta-se a viver os planos dEle, que são maiores e melhores do que podemos imaginar. Portanto, aceite o seu chamado, viva o propósito, seja surpreendido por Deus e impacte a sua geração.

BIBLIOGRAFIA

BÍBLIA SAGRADA. Bíblia de Estudo Pentecostal. Almeida Revista e Corrigida (ARC). Rio de Janeiro: Casa Publicadora das Assembleias de Deus, 1995.

Lana Brasil

"Testemunho não é o que eu falo, mas aquilo que eu decido viver."

Que chamado à reflexão ou à ação este capítulo desperta em você?

LETÍCIA FELIX

Olá! Eu me chamo Letícia Felix e conheci Jesus aos 20 anos, após uma perda irreparável em minha vida. Natural da cidade de Iracema, no interior do Ceará, atualmente resido em Barbalha/CE, onde auxilio meu esposo, o Pastor Alexandre Magalhães, no pastoreio da igreja local.

Tirada de detrás das malhadas, o que Deus tem feito em minha vida não surpreende apenas aqueles que me conheceram antes, mas a mim mesma. Vejo as promessas do Senhor se cumprindo e fico maravilhada com tamanho amor e misericórdia sobre mim e minha família. Sou mãe de duas bênçãos, Alyce e Gustavo, e formada em Pedagogia.

Creio que o Senhor falará profundamente ao seu coração por meio da simplicidade das atitudes dessa mulher cuja história Ele me confiou redigir. Desde já, declaro as bênçãos do Senhor sobre sua vida e um tempo de restauração da parte dEle.

leticiafelyx

+55 (88) 99785-6318

VOCÊ FOI CHAMADA

11

DÉBORA, UMA MULHER DE CORAGEM E PROPÓSITO

Por Letícia Felix

Débora foi uma juíza e profetisa de Israel, a única mulher a ocupar tal posição na Bíblia. Esposa de Lapidote, era temente a Deus, sábia e justa em suas decisões, dependendo totalmente da direção divina para resolver conflitos. Sua história é uma das mais inspiradoras para as mulheres, pois mostra que, quando estamos revestidas da autoridade do céu e caminhamos sob a dispensação do Senhor, podemos alcançar lugares que jamais imaginaríamos, rompendo limitações e superando desafios.

No capítulo 4 do livro de Juízes, encontramos a extraordinária trajetória de Débora. Antes, porém, o texto relata a triste realidade dos israelitas, que mais uma vez haviam se afastado dos caminhos do Senhor. Em sua rebeldia, fizeram o que era mau aos olhos de Deus e, por isso, foram entregues nas mãos de seus inimigos. Muitas vezes, questionamos as circunstâncias difíceis que enfrentamos, mas nos esquecemos de que servimos a um Deus justo, que não trata o culpado como inocente. Tudo aquilo que semeamos, certamente colheremos.

Israel vivia sob uma opressão cruel há vinte anos. No entanto, Deus, em sua infinita misericórdia, levantou uma mulher — Débora — para mudar essa realidade. Sua obediência e confiança no Senhor trouxeram esperança ao povo. No verso 8, percebemos a importância de estarmos cercadas por pessoas sábias e corajosas. Baraque disse a Débora: "Se você for comigo, irei; mas, se não for, não irei" (Jz 4:8). Se Débora fosse uma mulher insensata, poderia ter respondido: "Eu não fui chamada para a guerra, sou apenas juíza e profetisa". No entanto, sua atitude mudou o curso da história.

O segredo da vitória: andar sob a direção de Deus

No verso 6, encontramos a chave para o sucesso: os israelitas partiram para a batalha seguindo uma ordenança divina. Débora chamou Baraque e entregou a ele uma mensagem do Senhor: "O Senhor, o Deus de Israel lhe **ordena**[...]" (Jz 4:6). Essa declaração nos ensina duas verdades fundamentais:

1. Deus reafirma sua aliança, mostrando que, apesar dos erros do povo, Ele continua sendo o Deus de Israel.
2. Ele entrega uma estratégia para quebrar o ciclo de opressão, ainda que tenha sido Ele mesmo quem permitiu esse sofrimento por causa da desobediência do povo.

Quantas vezes enfrentamos dificuldades porque insistimos em fazer o que desagrada a Deus? E, ainda assim, culpamos tudo e todos, quando, na verdade, deveríamos buscar ao Senhor e perguntar onde erramos. Muitos de nós não temos coragem de fazer essa pergunta porque sabemos que Ele nos responderá! Em vez disso, vivemos nos vitimizando, chegando até a culpar Deus por todas as situações que enfrentamos. No entanto, facilmente nos esquecemos de nossas práticas pecaminosas, que o Senhor condena. Quando Ele permite que colhamos os maus frutos que nós mesmos plantamos, queremos desistir, abandonar o barco ao primeiro sinal de tempestade, sendo que fomos nós mesmos que remamos até ela. Mas a misericórdia e a graça do Senhor nos constrangem. Ele se inclina para ouvir nosso clamor e decide nos dar a vitória em meio à guerra, tirando-nos do cativeiro de opressão para o qual caminhamos por conta própria. Deus não nos rejeita, mas espera que nos arrependamos de coração e nos inclinemos à Sua vontade.

No verso 3, podemos ver que, depois de vinte anos de opressão, os israelitas finalmente clamaram ao Senhor — e Ele os ouviu!

O poder de um clamor

O clamor dos israelitas rompeu um jugo de 20 anos. Muitas vezes, tudo o que nos falta é abrir a boca e clamar. Falamos sobre nossos problemas com amigos, familiares e conhecidos, mas nos esquecemos de falar com Aquele que pode mudar qualquer situação com uma única palavra.

A vitória chegou para Israel mediante o clamor. O que faz você pensar que Deus não a escuta mais? Qual é a mentira que o inimigo implantou na sua mente para impedi-la de clamar? A batalha parece grande porque o inimigo sabe que Deus irá responder. Por isso, ele enche sua mente e seu coração de dúvidas e acusações, tentando fazer com que você pare de clamar ao único que verdadeiramente pode resolver sua causa.

Muitas pessoas vivem em cativeiros e prisões espirituais, onde o inimigo ergueu tantas barreiras entre elas e Deus que acabam acreditando ser impossível se aproximar novamente. Mas hoje eu venho lhe dizer que o Senhor está esperando você se levantar, erguer um clamor e se arrepender. Portanto, não espere vinte anos para retornar ao lugar de intimidade com Deus. Faça isso agora! Deus tem decretos de vitória para liberar sobre você e sua casa, mas é necessário que você se posicione. Sua vitória também chegará — clame hoje!

A preparação vem antes da grande missão

Enquanto Débora julgava as causas do povo debaixo da tamareira, Deus a preparava para algo muito maior. Em Juízes 4:14, vemos Débora, guiada pelo Senhor, liderando Baraque e 10 mil homens para a guerra. Muitos que a viam na tamareira talvez não dessem crédito ao que ela fazia ali ou considerassem uma perda de tempo os israelitas procurarem por ela para resolver suas causas. Porém, ela estava sendo treinada e alinhada por Deus, para que, quando chegasse o grande momento — em que não apenas sua vida, mas a de 10 mil homens estivesse em jogo —, ela tivesse plena convicção do direcionamento que deveria dar àquele exército.

Que tamanha responsabilidade estava sobre Débora: um exército de homens poderia perder a vida se ela tivesse uma simples incerteza ou dúvida sobre a voz que falara com ela.

Reconhecer a voz de Deus nas pequenas situações, como Débora fez na tamareira, é o que nos prepara para grandes responsabilidades. Uma liderança de sucesso não é feita de pessoas que começam grandes e renomadas, mas sim de pessoas como eu, você e Débora, que estão dispostas a atender pessoas em lugares simples. Talvez seja na sua cozinha, na sala ou até no banheiro da igreja, onde alguém procura por você em busca de um direcionamento, uma palavra ou até mesmo um puxão de orelha.

Deus nos prepara em lugares simples, longe dos holofotes, sem plateias e sem visibilidade. Se você se sair bem no treinamento da "tamareira", no tempo certo Ele poderá colocá-la à frente de um exército para que seu nome entre para a história, assim como aconteceu com Débora.

Com você também será assim: Deus primeiro vai prepará-la, para depois colocá-la em lugares de destaque. Então, não despreze os começos, por menores que sejam, e mesmo que as pessoas achem que aquilo que você faz é inútil. As "tamareiras" são necessárias em nossos processos de crescimento, no nosso destravar!

Deus não é insensível às responsabilidades que estão sobre nós; Ele sabe que somos capazes de cumpri-las. Portanto, não se sabote no processo, nem dê ouvidos àqueles que desacreditam de você e a julgam como incapaz. Se Deus confiou algo em suas mãos, é porque Ele conhece sua capacidade, sua entrega e, acima de tudo, sabe que a excelência do poder dEle se manifestará através de você.

Se você está no processo da tamareira, em que as pessoas lhe procuram para resolver questões pequenas, não desanime. É nos pequenos começos que as maiores e mais sinceras entregas são geradas. É nesse lugar que estamos plantando e, como toda semente, o crescimento acontece primeiro debaixo da terra, onde ninguém vê, mas, quando os frutos se tornarem aparentes, todos saberão que foi o Senhor quem deu o crescimento, cumprindo cada palavra que falou ao seu coração.

Aquela era uma enorme responsabilidade: a vida de um exército estava em suas mãos. Se Débora não tivesse aprendido a ouvir a voz de Deus em situações menores, como poderia liderar em um momento tão decisivo?

Credibilidade e confiança são construídas no processo

Débora não conquistou respeito e autoridade do dia para a noite. Antes de ser reconhecida como líder em Israel, ela passou por um processo. Sua credibilidade foi construída ao longo do tempo, por meio da maturidade, obediência e compromisso com Deus. Portanto, não é o lugar onde você está hoje que define para onde Deus vai levá-la, mas sim a sua fidelidade no processo.

Levante-se e posicione-se!

Neste momento, pode ser que você esteja se sentindo pequena, desvalorizada e sem esperança. Eu já estive nesse lugar, acreditando que as promessas de Deus jamais se cumpririam. Entretanto, quero lembrá-la: não permaneça nesse estado! Deus tem promessas para a sua vida, mas Ele precisa de mulheres posicionadas e que não duvidem do que Ele já falou.

Então, arranque toda incredulidade do seu coração e permaneça firme. Chegará o dia em que Deus exigirá de você tudo o que já lhe entregou — dons, talentos e palavras que ficaram pelo caminho. Débora precisou usar tudo o que Deus havia lhe dado no momento mais crucial de sua história. Da mesma forma, você precisará estar pronta quando for chamada.

Acorde, mulher! Deus quer usá-la!

No capítulo 5, versículo 7, Débora declara que os guerreiros de Israel haviam desistido até que ela se levantou. Deus a usou como uma mãe para guiar, acolher e corrigir o povo. Da mesma forma, hoje, Ele quer levantar você.

No verso 12, Débora declara: "Desperta, Débora! Desperta! Acorda e rompe em cânticos!". Essa palavra é para você! Não durma diante da guerra. Não espere grandes oportunidades para ser usada por Deus. Ele pode usá-la agora, no seu trabalho, na faculdade, na sua casa ou até no quintal. Você não precisa de um púlpito ou de um microfone — basta uma palavra de Deus e um coração disposto. A certeza e a confiança que essa mulher tinha dentro dela nos inspiram a avançar!

Lembre-se: confiança e credibilidade são construídas com tempo e fidelidade. O que Débora fazia debaixo da tamareira parecia irrelevante, mas ali Deus a estava preparando. Ele nos forja no anonimato antes de nos colocar em lugares de destaque.

Seu posicionamento diante da guerra quebra decretos de morte. Então, levante-se!

Não desista, pois Deus cumpre suas promessas

Talvez você esteja enfrentando medos e dúvidas, sentindo-se incapaz. Contudo, Deus não trabalha com mulheres que recuam. Ele precisa de mulheres posicionadas e que não duvidem do seu chamado.

Hoje, Deus a chama para sair desse lugar de medo e se levantar como Débora. Chegará o momento em que Ele exigirá de você tudo o que já colocou em suas mãos. E, assim como Débora esteve diante de um exército, você precisará confiar naquilo que Deus já lhe deu.

BIBLIOGRAFIA

BÍBLIA SAGRADA. Bíblia de Estudo Joyce Meyer. Nova Versão Internacional (NVI). Belo Horizonte: Bello Publicações, 2012.

Letícia Felix

"Levante-se! Você foi chamada. Tome sua posição e lute com as armas que Deus já lhe entregou. Você faz parte desse exército."

Que chamado à reflexão ou à ação este capítulo desperta em você?

MÁRCIA PELOSI

Sou Márcia Pelosi, natural do Rio de Janeiro, e resido na Barra da Tijuca, também no Rio de Janeiro, com meu pai, Tomás Pelosi.

Trabalho nos Correios há doze anos. Dei vida ao meu primogênito, o livro *Fora de foco* (Pelosi, 2022), perto de completar 52 anos. Aprendi que há um tempo certo para viver o que Deus planejou para a nossa vida. Somos únicas, e tudo o que nos acontece é no tempo certo.

A minha história foi marcada por perdas, como a de minha mãe, em 1991. No entanto, essa cicatriz não me impediu de levar fé e esperança aos corações abatidos. Poderemos ser chamadas para deixar um legado, uma marca, uma semente.

Por isso, convido você a desfrutar da história de uma mulher improvável que virou a sorte de um povo.

+55 (21) 98712-2209

in Márcia Pelosi

VOCÊ FOI CHAMADA

12

ESTER: UM CHAMADO PARA A SALVAÇÃO DE SEU POVO

Por Márcia Pefosi

Graça e paz, povo santo de Deus! É com muita alegria que venho falar sobre uma mulher improvável. Desde a primeira vez que li sobre sua história, senti a poderosa mão de Deus guiando seus passos.

Na Bíblia, encontramos dois livros intitulados com o nome de mulheres, e um deles é o livro de Ester! O interessante é que, nesse livro de dez capítulos, não vemos nenhuma vez a referência direta ao nome de Deus. Porém, ao folhearmos suas páginas, percebemos o agir dEle em cada acontecimento. É o que vamos conferir a partir de agora.

A história dessa judia, órfã de pai e mãe, criada por seu primo Mardoqueu, é um convite para entendermos que o chamado de Deus para a nossa vida não depende das circunstâncias. Ester recebeu o nome hebraico de Hadassa, que significa "murta", ou "árvore de pequena estatura", mas ela teve sua vida e seu nome mudados.

Hadassa vivia com seu primo Mardoqueu na cidade de Susã, onde o rei Assuero governava. Ele era casado com a rainha Vasti e reinava sobre 126 províncias. No terceiro ano de seu reinado, Assuero resolveu dar um banquete a todos os seus príncipes e servos para exaltar suas riquezas. No sétimo dia da festa, ele mandou chamar a rainha para mostrar sua beleza diante de seus convidados. Entretanto, ela se recusou a atender ao chamado do rei, o que causou um incômodo muito grande a ele e a todos os convidados. Essa atitude foi vista como uma afronta e uma porta aberta para que todas as mulheres também desrespeitassem seus maridos. Então, o rei foi aconselhado a não permitir mais que Vasti ficasse diante dele. Desse modo, o lugar de rainha ficou "vago".

O que aprendi com isso é que, se não fizermos aquilo para o qual fomos chamadas, poderemos ser substituídas. Foi o que aconteceu com Vasti. Seu papel ao lado do rei Assuero era o de companheira, ajudadora. Entretanto, ela desobedeceu e expôs seu marido diante de todos.

Depois disso, aconteceu uma espécie de "concurso de beleza". Todas as moças virgens e bonitas de Susã foram levadas à casa das mulheres e ficaram sob os cuidados de Hegai, o eunuco do rei. Elas passariam por um tratamento de beleza e, depois, seriam apresentadas ao rei, que escolheria, dentre todas, aquela que substituiria a rainha.

Hadassa foi uma dessas jovens. Seu primo Mardoqueu a instruiu para que ela não revelasse sua origem. Ela não questionou e obedeceu à instrução de seu primo, mudando seu nome para Ester, a fim de preservar sua identidade. Está aí uma das chaves do sucesso de Ester: Mardoqueu era uma autoridade espiritual sobre ela. E você, também está disposta a obedecer ao seu mentor espiritual, ouvindo e acolhendo seus conselhos?

Ester se destacou das demais por ter algo único: a graça de Deus! Essa graça foi percebida por todos que estavam no palácio. Assim, ela recebeu cuidados especiais: ficou com as melhores donzelas escolhidas para acompanhá-la, além de ocupar o melhor lugar na casa das mulheres. Com isso, aprendi que, quando obedecemos a Deus e nos conduzimos ao centro de Sua vontade, Ele coloca pessoas especiais, escolhidas a dedo, para cuidar de nós.

As donzelas passavam por um período de preparação de doze meses, com óleos de mirra, especiarias e cosméticos. Depois desse tempo, eram conduzidas ao rei. O que mais me chamou a atenção aqui foi que Ester estava aberta a receber o tratamento. O óleo de mirra possui propriedades cicatrizantes e calmantes. Ao ler esse trecho do livro, o Espírito Santo me levou a compreender a importância da cura interior na vida dessa mulher. Ela teve duas perdas significativas. Viveu sem o amor e a proteção de seus pais, que morreram quando ainda era bem jovem. E isso, com certeza, deixou uma ferida dentro dela. Assim, o efeito do óleo de mirra foi essencial para cicatrizar essa dor da perda.

Depois desse processo, veio o momento de receber o tratamento estético, igualmente importante para ajudá-la a cumprir a missão que estava diante dela: conquistar o coração do rei e se tornar rainha. Antes de embelezarmos o exterior, precisamos cuidar de nós por dentro. Ester só viveu o propósito de Deus porque se permitiu passar pelo processo de cura. E você? Está preparada para viver o seu propósito?

Quando chegou o momento de se apresentar ao rei, Ester seguiu a orientação de Hegai e levou consigo aquilo que tinha de mais precioso: a sua essência. Com seu jeito simples e sincero de ser, Ester conquistou o rei Assuero. Segundo relata a Bíblia, o rei a amou mais do que a todas as outras mulheres e, assim, ela se tornou rainha no lugar de Vasti.

Pode parecer aos leitores que esse é o exemplo perfeito de uma história de amor com final feliz — a órfã que se tornou rainha e conquistou o coração do rei de mais de cem províncias. Entretanto, o verdadeiro final feliz dessa história está longe de terminar aqui.

Ester não foi chamada apenas para mudar seu status, de órfã para rainha. Deus tinha muito mais para realizar na vida dela e, principalmente, por meio dela. Ester foi chamada para viver algo muito maior.

Logo após Ester ser coroada rainha, dois eunucos do rei tramaram contra a vida dele. Mardoqueu, que ficava à porta do palácio para saber como Ester estava, percebeu o plano e avisou para ela. Dessa forma, a vida do rei foi salva, e os traidores foram enforcados. Entretanto, não houve qualquer reconhecimento pelo feito de Mardoqueu.

Alguns acontecimentos afastaram temporariamente Ester do rei Assuero. Porém, nada escapou do controle e das mãos poderosas de Deus. Naquela época, o rei se aproximou mais de um de seus "homens de confiança", Hamã. Mas tudo estava no controle das mãos do Eu Sou, e o curso dos acontecimentos apenas contribuiu para o plano maior que Deus já havia arquitetado.

Hamã recebeu, das mãos do próprio rei, um anel de honra. Alimentado pela vaidade, fazia questão de ser exaltado e de ter seu poder "reconhecido" diante do povo. Sempre que andava pelas cercanias do palácio, não abria mão de que todos se curvassem aos seus pés. Contudo, havia um homem que não se curvava: Mardoqueu. E essa atitude do primo da rainha despertou a ira em Hamã. Diante disso, aconselhado por sua esposa e por seus amigos, mandou construir uma forca para matar seu desafeto.

No entanto, chegou aos ouvidos de Hamã que Mardoqueu era judeu. Desse modo, ele arquitetou um plano para exterminar todo o povo judeu, que, àquela altura, era muito numeroso. Então, Hamã convenceu o rei Assuero a fazer um decreto contra o povo de sua própria esposa. Afinal, sua identidade não havia sido revelada. O rei selou o decreto com o anel real e, quando isso acontecia, o documento não poderia ser revogado.

Várias cartas foram enviadas, e Mardoqueu, ao tomar conhecimento do decreto, chorou por sua vida e pela vida de seu povo. Vestiu-se de pano de saco e saiu sem rumo pela cidade, tomado pela dor.

As moças que cuidavam da rainha viram a situação do primo de Ester e contaram a ela sobre os últimos acontecimentos. Nesse momento, Ester pediu que um dos eunucos do rei fosse até Mardoqueu para falar com ele. Fazia trinta dias que o rei não mandava chamar Ester para ir aos seus aposentos, e uma aproximação, por iniciativa dela, poderia custar-lhe a vida.

Creio que, diante do contexto que se apresentava diante de seus olhos, a rainha compreendeu que seu chamado estava prestes a ter início. Isso ficou claro quando recebeu o recado de seu primo, dizendo que ela não estaria protegida dentro do palácio e que o livramento chegaria aos judeus — pelas suas mãos ou de outra forma.

Foi então que Ester resolveu se posicionar e convocar um jejum de três dias e três noites por sua vida e pela vida de seu povo. Ela orientou que todos os judeus ficassem sem água e sem alimento durante esse período. Ela e suas moças também jejuaram. A rainha tomou uma sábia decisão; afinal, várias vidas estavam em risco, e Ester conhecia os benefícios do jejum. Durante esse período, ela estava mortificando sua carne e, ao mesmo tempo, buscava a direção do alto para agir da melhor forma possível.

O resultado veio logo após o terceiro dia de jejum. Naquela madrugada, o rei perdeu o sono e pediu que lessem o Livro das Crônicas. Tudo o que acontecia era registrado nesse livro. Foi então que Assuero tomou conhecimento de que sua vida havia sido preservada por Mardoqueu. E, então, perguntou o que aquele homem havia recebido em troca de seu ato e se surpreendeu ao saber que nenhuma honraria lhe fora concedida.

Naquele momento, Hamã entrou no palácio com a intenção de pedir ao rei autorização para enforcar Mardoqueu, mas foi surpreendido com uma pergunta: "O que deveria ser feito ao homem a quem o rei deseja honrar?" (Et 6:6). Vaidoso, Hamã não titubeou ao descrever que esse homem deveria vestir túnicas reais e ser conduzido em um cavalo que tivesse sido usado pelo rei, pelas redondezas, tendo sua honra proclamada por um dos príncipes mais nobres do palácio.

Você consegue imaginar o rosto de Hamã quando recebeu a ordem de fazer tudo o que ele mesmo havia descrito com o judeu Mardoqueu, em plena praça pública? Deve ter sido muito difícil para aquele homem narcisista ter que honrar justamente quem ele queria levar à forca.

Mas não parou por aí. A rainha Ester colocou suas vestes reais e foi até o jardim do palácio — o lugar estratégico para ser vista por Assuero. Essa atitude despertou no rei a lembrança do quanto sua esposa lhe fazia falta e gerou nele um profundo sentimento de gratidão por tê-la ao seu lado. Como retribuição, ele ofereceu a Ester, por três vezes, até a metade de seu reino. Porém, isso não salvaria a vida de Ester nem a do povo judeu. Então, com muita sabedoria, ela convidou o rei e Hamã para dois jantares. E foi no segundo jantar que todo o plano de Hamã veio à tona. Ester, então, revelou sua identidade e, com isso, conseguiu salvar o povo judeu de ser exterminado, por meio da emissão de um novo decreto que permitia aos judeus se defenderem de seus inimigos.

Hamã foi enforcado justamente na forca que havia preparado para Mardoqueu. O judeu teve sua vida e honra preservadas. Tudo o que era de Hamã ficou com Mardoqueu, inclusive o anel.

Assim, o livro de Ester me inspirou a viver tudo o que Deus tem para a minha vida. E você? Também se sente pronta para viver o seu chamado?

BIBLIOGRAFIA

BÍBLIA SAGRADA. Nova Bíblia de estudo da mulher. João Ferreira de Almeida (JFA). Belo Horizonte: Atos, 2012.

PELOSI, M. *Fora de foco*. Rio de Janeiro: Autografia, 2022.

Márcia Pelosi

“Ester só viveu o propósito de Deus porque se permitiu passar pelo processo de cura. E você? Está preparada para viver o seu propósito?”

Que chamado à reflexão ou à ação este capítulo desperta em você?

Crédito: @josecarlosvulc.

MIRIAM MURCIA

Sou Miriam Murcia, natural de São Bernardo do Campo, em São Paulo, e residente em Bertioga, no litoral paulista. Vivo com minha amada família: meu esposo, que foi meu primeiro e único namorado, com quem sou casada há quase vinte anos, e nossos filhos, Nicollas Murcia, de 17 anos, e Valentine, de 9 anos.

Atuo como naturoterapeuta, fitoterapeuta, psicanalista clínica e pesquisadora de temas relacionados a guerras culturais. Acumulei mais de 3 mil horas de atendimento e direcionamento para a mudança de estilo de vida e comportamento.

Minha jornada de sucesso, no entanto, não começou assim. Venho de um contexto familiar disfuncional, e os desafios que enfrentei me impulsionaram a buscar conhecimento e compreender a dinâmica na qual estava inserida.

Após minha cura, ingressei então na Reforma de Saúde, onde permaneço até hoje.

Meu lema é: Honra e Glória ao nosso Deus e amor aos sofredores.

miriamaraujomurciamartins

+55 (11) 96480-2910

VOCÊ FOI CHAMADA

13

MARTA: PERDENDO O EXTRAORDINÁRIO NA ROTINA

Por Miriam Murcia

Cara leitora, quero convidá-la a mergulhar nesta história sobre uma mulher chamada Marta, que carregava um significado em seu nome — senhora, patroa, protetora do lar —, o qual fazia jus ao seu comportamento. Marta era muito preocupada e distraída, algumas vezes irritadiça com as tarefas da casa. Por conta disso, acabou deixando de aproveitar a melhor parte: estar aos pés de Jesus no dia em que Ele visitou sua aldeia.

No evangelho de Lucas 10:38-42, encontramos uma história que sempre nos faz refletir sobre como a vida pode ser corrida, agitada e, ao mesmo tempo, nos afastar daquilo que realmente importa. Jesus visita a casa de Marta e Maria, duas irmãs com temperamentos completamente diferentes, mas que compartilham algo em comum: o amor por Ele. No entanto, as escolhas que cada uma faz diante dessa visita nos ensinam muito sobre como equilibrar as tarefas do dia a dia com nossa espiritualidade e nosso tempo com Deus.

Por um bom tempo, eu fui como Marta: uma mulher zelosa, que queria tudo perfeito e feito com excelência. Cheguei a notar que limpava e organizava sempre pensando na possibilidade de alguém chegar e encontrar minha casa suja e desarrumada. Isso me causava um mal-estar tão grande que me levou a questionar:

O que realmente me incomoda? A casa estar desorganizada ou o fato de alguém vê-la assim? O que é mais importante? A casa ou as pessoas?

E, tantas vezes, me via irritadiça e distraída, tentando dar conta de tudo, sem perceber que eu precisava de um tempo melhor tanto para Deus quanto para mim mesma, bem como para minha família.

Certa vez, convidamos um casal de amigos, Luiz e Zilda Fonseca, para virem à nossa casa. Foram eles que me incentivaram a ingressar na Reforma de Saúde e a viver a cura da depressão. Louvo ao Senhor pela vida desse casal abençoado, que até hoje faz parte da minha história.

Foi por meio de Zilda, anos depois, durante a terapia, que me reconectei comigo mesma e descobri que essa dinâmica vinha da infância. Cresci vendo em minha mãe, irmãs, tias e até mesmo nas casas onde trabalhei, um padrão de organização e "limpeza excessiva", sempre pautado pelo pensamento "eu tenho que fazer". Percebi, então, que precisava, definitivamente, desconstruir esses padrões de comportamento, que, embora lícitos, estavam me roubando tempo, impedindo-me de viver de forma mais leve e de enxergar a vida sob um ângulo melhor.

O que eu realmente queria era estar mais aos pés de Jesus, dando a Ele a primazia do meu dia e, só depois, começar a minha rotina. Porém, eu não conseguia me levantar e já desfrutar desse tempo com Deus. Sempre sonhei em acordar bem cedo e já estar conectada com Deus por meio da leitura da Palavra, da meditação e da adoração.

Se Marta tivesse equilíbrio, certamente teria largado tudo para se sentar aos pés de Jesus. Mas, em vez disso, preferiu se ocupar, talvez tentando adiantar as tarefas ou preparar a refeição. No entanto, acredito que Jesus não se importaria em comer mais tarde.

E, então, chegou o dia da minha visita. Eles chegaram, e fomos conversando ali na cozinha mesmo. O cardápio era vegetariano, e meu esposo e eu nos preocupamos em escolher os melhores ingredientes para agradá-los. Passei um bom tempo na cozinha, picando vegetais e preparando um cardápio que lhes apetecesse. Enquanto isso, a conversa fluía entre bate-papo e risadas, mas, ao me dedicar tanto à preparação da refeição, acabei deixando de lado algo ainda mais importante: sentar e conversar com a Zilda.

Logo eles precisaram ir embora. Tempos depois, ela comentou comigo que amou ir à minha casa e a comida que servi, mas que, acima de tudo, o que mais queria era ter tido um tempo de qualidade comigo para matar a saudade.

Ao refletir sobre isso, cheguei à seguinte conclusão: muitas vezes, preocupamo-nos em deixar tudo impecável — casa arrumada, comida saborosa e fresca, tudo alinhado —, e não que isso seja errado, mas acabamos nos esquecendo de que o que uma visita realmente deseja é o olho no olho, a escuta atenta, a troca genuína. E, na correria, podemos transformar essa preocupação excessiva em um hábito que nos afasta do essencial: desfrutar da boa parte.

É claro que se sentar à mesa é uma maravilha — compartilhar uma refeição bem elaborada e uma conversa saudável é algo valioso. Contudo, o que mais importa é aproveitar o tempo com a visita.

No caso de Marta, sua visita era Jesus, que era mais chegado que um irmão para aquela família.

Marta era a irmã que se preocupava com tudo. Era ela quem fazia as coisas acontecerem, que se esforçava para receber bem, ocupando-se com a cozinha, as arrumações e todos os detalhes da casa. Se você já recebeu uma visita em casa e se preocupou com cada pequeno detalhe, sabe exatamente do que estou falando. No entanto, nesse esforço, Marta acabou perdendo algo essencial: o momento com Jesus. Em vez de estar aos pés dEle, como sua irmã Maria, ela estava agitada, sobrecarregada e, pior, começando a se irritar com a irmã que, ao contrário dela, estava simplesmente aproveitando a presença do Senhor.

Quantas vezes, na correria do dia a dia, nos envolvemos tanto com as responsabilidades de organizar, limpar, trabalhar e cumprir todas as demandas que acabamos nos esquecendo de aproveitar o tempo com Deus? É fácil, não é? No meio da rotina, deixamos-nos levar pela pressão de que precisamos dar conta de tudo e acabamos nos afastando daquilo que, na verdade, mais precisamos: descansar na presença do Senhor.

É curioso como Marta, mesmo sendo uma mulher de fé, que acolhia Jesus com tanto carinho, estava tão absorvida em sua necessidade de fazer que não parou para perceber a oportunidade única que era estar com Ele. Quantas vezes nós também não conseguimos parar para ouvir, obedecer, meditar e simplesmente estar com Deus porque estamos tão ocupados com as nossas responsabilidades e afazeres?

Marta representa todos nós que, em meio ao turbilhão do cotidiano, acabamos esquecendo o essencial. Limpar a casa, cozinhar, cuidar dos filhos e trabalhar são todas responsabilidades importantes, mas não podem ser a única coisa que nos define. O que está no centro da nossa vida? É o trabalho e a correria ou a presença de Deus, que nos chama a parar, descansar e refletir?

Marta, já irritada, foi até Jesus e, talvez de forma um pouco desajeitada, disse:

Senhor, não te importas que minha irmã me deixe sozinha com o serviço? Dize-lhe que venha me ajudar". Jesus, com paciência, responde: "Marta, Marta, você está ansiosa e preocupada com muitas coisas, mas apenas uma é necessária. Maria escolheu a boa parte, e esta não lhe será tirada (Lc 10:40)

Essa passagem nos ensina que, embora as tarefas e responsabilidades sejam importantes, é essencial escolher aquilo que é mais precioso e que nunca nos será tirado: o tempo com Jesus. No entanto, essa não é uma lição fácil de aprender, especialmente em um mundo que nos cobra produtividade e eficiência. Estamos tão acostumados a estar sempre ocupados, sempre em movimento, que nos esquecemos de parar e refletir: como tenho aproveitado meu tempo com Deus? Tenho separado momentos para estar com Ele ou apenas cumprido minhas obrigações, sem desfrutar verdadeiramente de Sua presença?

E a história não para por aí. Após a morte de Lázaro, irmão de Marta e Maria, Marta mais uma vez se destaca. Assim que ouve que Jesus está chegando, ela corre ao encontro dele e diz: "Senhor, se Tu estivesses aqui, meu irmão não teria morrido. Mas sei que tudo o que pedires a Deus, Ele te dará". Então Jesus lhe responde: "Teu irmão há de ressuscitar" (Jo 11:21-23).

Mas Marta, mesmo diante de Jesus, não entende. Ela responde: "Eu sei que ele vai ressuscitar na ressurreição do último dia" (Jo 11:24). Ela estava preocupada com o futuro, sem perceber que a resposta estava bem ali, diante dela, no momento presente. Quantas vezes nos encontramos como Marta? Pensando no futuro, esperando por algo, e nos esquecemos de viver o agora e de aproveitar o presente que Deus está nos dando?

Parece que, na vida de Marta, há uma constante luta entre viver no presente e se preocupar com o que está por vir. E isso não é algo tão distante da nossa realidade, não é mesmo? Às vezes, ficamos tão preocupados com o que vai acontecer amanhã ou com o que ainda temos que fazer, que deixamos de viver o agora, o momento com Jesus, a paz que Ele nos oferece.

Marta, embora estivesse tão ocupada e ansiosa, era uma mulher laboriosa, uma mulher de ação, que se preocupava em manter tudo em ordem. E isso é admirável! Sua organização e diligência não eram defeitos, e sim qualidades que a tornavam a "dona da casa", a "protetora do lar". Mas, como acontece com todo extremo, esse comportamento a levava a perder o equilíbrio e, em certos momentos, a não perceber o que realmente importava.

Será que, assim como Marta, também não nos deixamos consumir pelas tarefas do dia a dia a ponto de esquecer o que realmente importa? Quantas vezes estamos tão focados em manter as coisas organizadas e "no lugar" que não percebemos que o que realmente importa está bem à nossa frente? Jesus, que deveria ser o centro, acaba sendo deixado de lado enquanto nos ocupamos com tantas preocupações.

Em nosso dia a dia, estamos vivendo mais como Marta ou como Maria? O que temos escolhido? Sobrecarregarmo-nos com obrigações e ansiedades ou aproveitar o tempo precioso que temos com Jesus? Ele está aqui, agora, nos oferecendo descanso, paz e a oportunidade de viver plenamente o presente, sem a preocupação excessiva com o que ainda está por vir.

No final das contas, Marta, com toda sua energia, dedicação e boa intenção, aprendeu que o verdadeiro descanso não está em fazer, mas em estar com Jesus. Assim como ela, podemos aprender que as coisas do mundo podem esperar, mas o tempo com o Senhor nunca deve ser adiado. Que a cada dia possamos aprender a escolher a boa parte: estar aos pés de Jesus, em paz, com gratidão e com os olhos voltados para o que realmente importa.

Hoje, sigo uma rotina mais leve. Utilizo uma planilha de tarefas e me dedico apenas ao que está planejado para o dia. Isso me ajudou a retomar o equilíbrio.

Você também pode conseguir, se decidir dedicar mais tempo aos pés de Jesus em vez de se perder em seus afazeres.

BIBLIOGRAFIA

BÍBLIA SAGRADA. Bíblia de Estudo da Mulher Sábia. Almeida Revista e Corrigida (ARC). Várzea Paulista Casa Publicadora Paulista, 2021.

Miriam Murcia

"A distração rouba você do seu destino profético."

Que chamado à reflexão ou à ação este capítulo desperta em você?

PRA. NYTHESKA ALVES

Graça e paz, querida leitora! Meu nome é Nytheska Alves. Sou mãe orgulhosa de duas princesas, Ester Alves e Acsa Raabe, que são minha herança, e casada há dezesseis anos com o grande amor da minha vida, o Pastor Tiago Alves. Juntos, somos pastores e presidentes da Revive Church.

Também sou a idealizadora da conferência Aviva Débora, um projeto que nasceu no coração de Deus para transformar o nosso, levantando mulheres e ativando-as para viver o Seu chamado.

Eu me considero uma improvável em quem Deus escolheu investir.

Tenho convicção de que, ao ler este capítulo, Deus abrirá seu coração e falará com você de maneira única e especial. Estou pronta para viver essa história ao seu lado. Vamos embarcar nessa jornada juntas?

nytheska

Nytheska Alves

VOCÊ FOI CHAMADA

14

NÃO DEIXE A OPORTUNIDADE PASSAR

Por Pra. Nytheska Alves

Não deixe escapar essa oportunidade. Inicie essa jornada de forma inspiradora, independentemente do lugar ou da situação em que você esteja. Você foi chamada para se tornar a pessoa que Deus sempre disse que você seria.

Quando a chance aparecer, agarre-a com coragem. Foi exatamente isso que fez uma mulher chamada Jael. Você conhece essa história?

A história dessa grande mulher se passa em um período em que o povo de Deus era liderado por juízes. O povo já havia conquistado a terra prometida, mas, de tempos em tempos, desviava-se dos caminhos do Senhor, sofrendo as consequências de suas escolhas. Então, Deus levantava um juiz para orientar o povo e trazê-lo de volta à Sua presença.

Jael é uma figura importante no Antigo Testamento, mencionada em Juízes, no capítulo 4. Ela era esposa de Heber, o queneu, e viveu em um tempo em que os israelitas estavam sendo oprimidos pelos cananeus, sob o domínio do rei Jabim e seu comandante, Sísera.

Em um momento crítico, ela demonstrou coragem e ousadia ao agir de maneira decisiva, mesmo diante de um perigo iminente. Sua determinação a fez seguir com firmeza o propósito que Deus havia colocado em suas mãos, sem hesitar diante dos riscos. Sua capacidade de identificar a oportunidade certa e agir com inteligência — acolhendo Sísera e, posteriormente, tomando a iniciativa necessária — destaca seu discernimento.

Levando em consideração que ela foi treinada de forma reservada, Jael dominava a arte de montar tendas e manusear estacas — habilidades que só um treinamento sigiloso poderia proporcionar. Portanto, ela possuía ferramentas e habilidades que muitos desconheciam. Há dons e capacidades que Deus só revela no tempo determinado. Assim como ela foi moldada e treinada no secreto, Deus tem trabalhado em você de maneira silenciosa, preparando-a para o momento certo.

Deus é especialista em levantar pessoas anônimas e colocá-las em posições de destaque. Aquilo que hoje parece oculto, no tempo certo será evidenciado para cumprir o propósito dEle em sua vida. Confie no processo, pois o treinamento no secreto sempre antecede a manifestação pública do seu chamado.

A oportunidade de Jael ser incluída na história foi até a porta de sua tenda. E, quando ela chegou, Jael se posicionou — não hesitou, não deixou passar. Era a hora certa! Mas já imaginou se ela não estivesse em casa? Se não estivesse presente, teria perdido a chance de viver o propósito que Deus havia preparado para ela.

Há coisas que só acontecem dentro de casa, no ambiente certo, no lugar onde Deus quer que estejamos. Estar no lugar certo, na hora certa, faz toda a diferença para abraçarmos as oportunidades que vêm dEle.

Jael teve visão de águia. Deus não se move por necessidade, e sim por posicionamento.

Sua capacidade de identificar a oportunidade certa e agir com inteligência, acolhendo Sísera e, posteriormente, tomando a iniciativa necessária, destaca seu discernimento. Havia um destino revelado naquela história.

Você acredita em profecia? Na vida de Jael, tudo aconteceu por causa de uma palavra profética. A juíza e profetisa Débora disse a Baraque que Deus não daria a honra da vitória a um homem, mas sim a uma mulher. Quando Ele revelou à profetisa Débora que a vitória não viria pelas mãos do general do exército, manteve o nome de Jael oculto. No entanto, após a vitória, no cântico de Débora, seu nome é claramente mencionado e honrado como "bendita entre as mulheres" (Jz 5:24).

Isso nos ensina que Deus tem um tempo de anonimato, mas também tem um tempo de exaltação. Ele pode ocultar um nome, mas, no momento certo, Ele mesmo o faz ser lembrado!

Jael não fazia parte do exército, seu nome não estava alistado na terra, mas havia sido escolhido pelo céu.

Enquanto os homens não a consideraram, Deus a incluiu em Sua história, mostrando que o verdadeiro chamado vem dEle, e não das qualificações humanas.

Muitos se prepararam e foram chamados para a guerra, pois havia uma convocação celestial sobre aquele povo. Deus ordenou que o povo se reunisse, mas, naquele momento, Jael não foi chamada. Ainda assim, o fato de Deus não tê-la chamado naquele instante não significa que Ele não tinha algo reservado para ela.

Se Deus não a chamou, não vá! Se Ele não te deu ordem para sair da tenda, permaneça nela, pois Deus age exatamente no lugar onde Ele te preparou.

Jael, posicionada onde Deus a colocou, pode não ter representado uma grande ameaça para os inimigos no campo de batalha — talvez fosse vista até como um alvo fácil. Porém, foi nesse lugar específico que, com coragem e sabedoria, ela derrotou o homem mais poderoso do exército inimigo. Assim, o posicionamento dado por Deus foi o que a conduziu à vitória.

É uma bênção ser escondida por Deus, pois aqueles que Ele escolhe esconder, no tempo certo, Ele mesmo exalta! Portanto, Deus pode inseri-la na história de repente, de uma hora para outra.

De fato, foi por meio de uma profecia que Ele pôs em prática o Seu propósito na vida de Jael. O papel dela se torna importante quando Sísera, após ser derrotado na batalha, foge e busca refúgio justamente em sua tenda, acreditando que ali estaria seguro. Enquanto muitos dormiam, outros estavam agindo. Ela o acolheu com hospitalidade, oferecendo-lhe abrigo e descanso. Porém, enquanto ele estava dormindo, Jael agiu com coragem e determinação: ela o matou, cravando uma estaca em sua cabeça.

Essa atitude foi decisiva para a derrota do exército cananeu e para a libertação do povo de Israel. Jael cumpriu o propósito de Deus ao eliminar o comandante inimigo, conforme a profecia dada pela juíza Débora.

O Deus que revela o futuro e concede a vitória se manifesta da mesma maneira em nossas vidas. Jael não mediu os riscos. E se Sísera acordasse? E se seu golpe não fosse forte o suficiente? O que aconteceria?

Ela não pensou em si mesma, mas na vitória do povo de Israel, porque Deus sempre escolhe aqueles que priorizam o Reino. Ele não seleciona pessoas egoístas, mas sim aquelas dispostas a servirem, sem medir o cansaço, o desgaste ou o preço a ser pago.

Jael não ficou calculando possibilidades, não tentou racionalizar o agir de Deus — ela simplesmente se deixou ser usada.

Então, pare de colocar limites em Deus! Se Ele quer usar você, apenas obedeça. Você não é o plano B do Senhor. Ele não a escolheu porque alguém falhou. Não! Você é a escolha de Deus!

Deus conhece suas limitações, seus defeitos e até sua aparente incapacidade — mas, ainda assim, Ele a chamou. No momento certo, Ele mesmo lhe dará a estratégia e mostrará exatamente o que fazer.

Deus se responsabiliza pelo Seu chamado

Deus se responsabiliza por você e pelo chamado que Ele colocou sobre a sua vida. A inclusão que Deus trará não será obra do acaso, mas parte do propósito dEle para você. A Palavra do Senhor diz que a vontade de Deus é boa, perfeita e agradável (Rm 12:2), e tudo o que Ele faz prospera.

Foi Deus quem te criou; então, não tem como dar errado. O tempo chegará e você testemunhará a grandeza de Deus e a manifestação sobrenatural do Seu poder em sua vida.

Hoje, Deus lembra a você que a escolha foi dEle, não dos homens, e Ele não erra! Não se sinta incapaz, pequena ou desmerecedora. Pelo contrário, sinta-se bendita, pois Aquele que te chamou é fiel para cumprir.

O Senhor declara sobre você: "Eu bem sei os planos que tenho para você, planos de paz e não de mal, para lhe dar um futuro e uma esperança" (Jr 29:11).

O que Deus preparou para você é inimaginável

"Nem olhos viram, nem ouvidos ouviram, nem jamais penetrou no coração humano o que Deus preparou para aqueles que Nele creem" (1 Co 2:9). O que Ele tem reservado para a sua vida vai além de qualquer entendimento.

Podemos extrair cinco lições poderosas da história de Jael, essa grande guerreira.

1. O inimigo subestimou sua fidelidade.

Sísera viu a casa de Jael e pensou que poderia contar com ela para sua proteção. Contudo, Jael permaneceu fiel ao Deus de Israel, não permitindo que sua casa fosse usada para os planos do inimigo.

2. O tempo certo para agir.

Quando Sísera chegou, Jael não o atacou imediatamente. Ela esperou o momento certo. Muitas vezes, a vitória não está na pressa, mas no discernimento para agir no tempo determinado por Deus.

3. O inimigo queria usá-la para seus próprios fins.

Sísera pediu que Jael vigiasse a tenda para protegê-lo. Isso mostra como o inimigo tenta manipular e usar as pessoas para seus próprios interesses, mas Jael não se deixou enganar.

4. As armas já estavam com ela.

A Bíblia diz que Jael matou Sísera com um martelo e uma estaca da própria tenda (Jz 4:21). As ferramentas que ela precisava para vencer já estavam ao seu alcance. Da mesma forma, Deus já colocou em nossas mãos tudo o que precisamos para cumprir nosso propósito.

5. Ela começou de um jeito, mas terminou de outro.

Jael se aproximou mansamente e, quando chegou o momento certo, agiu com toda a sua força. A Bíblia relata que ela cravou a estaca na cabeça de Sísera até atingir o chão. Isso nos ensina que o mais importante não é como começamos, mas como terminamos.

Que possamos aprender com Jael a esperar o tempo certo, a usar com sabedoria as ferramentas que Deus já colocou em nossas mãos e, acima de tudo, a terminar nossa jornada com força e determinação!

O Deus que honra, transforma, age e opera é o mesmo que está escrevendo a sua história. Prepare-se para viver o seu chamado com excelência, porque o que Deus fará por meio de você será um testemunho vivo, marcando não apenas a sua trajetória, mas também impactando a vida de muitos.

Acredite e avance, pois o melhor de Deus na sua vida ainda está por vir!

BIBLIOGRAFIA

BÍBLIA SAGRADA ENTRE MENINAS E DEUS. Nova Tradução na Linguagem de Hoje (NTLH). Barueri: Sociedade Bíblica do Brasil, 2014.

Pra. Nytheska Alves

"Você não é o plano B do Senhor. Ele não a escolheu porque alguém falhou."

Que chamado à reflexão ou à ação este capítulo desperta em você?

RAIEIDE VITOR

Olá, querida leitora! Se você está com este livro em mãos, é porque Deus tem algo para tratar particularmente com você! Antes de me apresentar, quero liberar algo sobre a sua vida: ouse fazer a vontade de Deus. Isso mesmo. Faça o que Deus manda você fazer, mesmo que isso lhe custe algo muito valioso. Fazer a vontade dEle sempre será a melhor escolha.

Eu me chamo Raieide Cristina, tenho 30 anos, atuo no ministério de louvor e prego a Palavra por bondade dAquele que me escolheu desde o ventre da minha mãe. Sou mãe da preciosa Sophia e do valente Abraão, casada com um grande homem de Deus, o amor da minha vida, Venicio Santos. Sou serva, filha e adoradora do Rei da Glória, completamente apaixonada por Jesus de Nazaré!

Agora, venha mergulhar comigo na história dessas duas mulheres incríveis: Sifrá e Puá. Eu não tenho dúvida de que o Espírito de Deus vai falar profundamente com você por meio desta leitura.

raieide

raieide

raieideclv@gmail.com

VOCÊ FOI CHAMADA

15

CHAMADAS PARA FAZER NASCER

Por Raieide Vitor

VOCÊ FOI CHAMADA

A história que abordaremos neste capítulo pode ser encontrada em Êxodo, no capítulo 1, do versículo 15 ao 22. Trata-se de duas parteiras que preferiram temer a Deus em vez de temer ao faraó. Quando nos debruçamos sobre essa narrativa, podemos absorver ensinamentos incríveis.

Para que você entenda o quão grandioso foi o feito dessas mulheres, vale relembrar em que contexto elas estavam inseridas. O povo de Deus estava no Egito. José havia levado sua família para lá — cerca de setenta pessoas — e, com o passar dos anos, o povo de Israel se tornou uma grande nação, frutífera e numerosa. A Bíblia relata que subiu ao trono um novo faraó, que não conhecia a história de José. Então, esse novo governante começou a olhar para o povo israelita como uma ameaça, pois percebeu algo diferente neles: um crescimento sobrenatural.

Isso é incrível. Ainda que o faraó não conhecesse a história de José, era impossível ignorar que havia algo incomum naquele povo. É importante que fique claro para você quem era o faraó: uma figura central nessa história. Ele não era apenas um governante qualquer, mas a maior autoridade reconhecida naquela terra. Não estamos falando de uma democracia, na qual as pessoas elegem quem as governará e podem cobrar por seus serviços. De maneira alguma.

O faraó era considerado um deus entre os homens, um soberano absoluto. Detinha, segundo a perspectiva humana, o poder de decidir sobre a vida e a morte de seus súditos. No entanto, de acordo com os céus, sabemos que só o grande Eu Sou detém esse poder.

É nesse cenário, então, que se inicia a perseguição ao povo escolhido. Eles são escravizados, subjugados e obrigados a fazer serviços pesados, mas a Palavra é clara em dizer que quanto mais eram assolados, mais cresciam! O panorama de escravidão não foi capaz de paralisar o crescimento do povo. E é nesse contexto de perseguição que surgem Sifrá e Puá. A Bíblia nos relata que ambas eram parteiras, ou seja, mulheres que ajudam outras mulheres a darem à luz. Isso é algo muito belo e profundo: o chamado delas era servir outras mulheres, ajudando-as a trazer ao mundo uma nova vida.

Trazendo para a nossa realidade, essas mulheres representam aquelas que nos ajudam a dar à luz sonhos, projetos, ministérios, famílias e tantas outras coisas. São mulheres que permanecem ao nosso lado no momento da dor, no processo do nascimento, para nos auxiliar e afirmar que nós vamos conseguir. Essa é a identidade de uma parteira: ajudar a trazer uma nova vida ao mundo.

Essas mulheres, com esse chamado tão lindo e vital, foram chamadas à presença do faraó. Isso muito me impacta, pois não se tratava de um governador, um príncipe, um chefe ou qualquer outra autoridade comum — era o próprio faraó.

O inimigo, sabendo de nossa relevância no mundo espiritual, tenta nos paralisar enviando autoridades malignas, figuras amedrontadoras que parecem fortes ou grandes demais para serem combatidas. Mas eu quero lembrá-la de uma verdade poderosa: "Maior é o que está em nós do que o que está no mundo!" (1 Jo 4:4).

Sifrá e Puá estavam diante da maior autoridade humana de sua época, e ele lhes deu uma ordem: "Quando vocês forem ajudar as mulheres israelitas nos seus partos, façam o seguinte: se nascer um menino, matem; mas, se nascer uma menina, deixem que viva" (Ex 1:16).

Esse versículo mexe muito comigo e me faz perceber como o inferno tenta manipular aqueles que geram! Quero que você compreenda que estou falando de coisas espirituais. Aqui, o faraó representa o inimigo das nossas almas. E veja o quão maligna era essa ordem: o faraó permitia que se gerasse, permitia que nascesse, mas, se fosse menino, tinha que morrer. Por quê? Porque ele temia que os homens em Israel se multiplicassem e formassem um exército poderoso.

Então, veja bem: o inimigo tenta nos dar uma falsa sensação de liberdade. Ele até permite que algo seja gerado, mas, se aquilo que nasce ameaça o sistema maligno, então precisa morrer! Mas eu profetizo sobre a minha vida e sobre a sua: nós geraremos, sim! Daremos à luz projetos vindos diretamente do coração de Deus, e eles quebrarão as forças malignas ao nosso redor.

Diante da ordem recebida, percebemos mais uma estratégia do inimigo: ele tenta embaraçar a identidade daquelas mulheres. Elas foram chamadas para ajudar a trazer vida e, agora, são instruídas a matar! É exatamente isso que o adversário quer: corromper nossa identidade, distorcendo o chamado de Deus em nossas vidas.

Mulheres tementes a Deus

"Porém as parteiras temiam a Deus e não fizeram o que o rei do Egito havia mandado. Pelo contrário, deixaram que os meninos vivessem" (Ex: 1:17).

Porém! Sempre haverá um "porém" na vida de uma mulher que teme ao Senhor. O mundo pode ir todo na contramão, mas nós, porém, estaremos firmes, olhando para o alvo, que é Jesus.

Sifrá e Puá não se deixaram amedrontar pelo poder do homem. Elas eram tementes a Deus! Elas não fizeram o que lhes havia sido ordenado, pois escolheram obedecer à ordem divina.

Talvez você possa se perguntar: mas não fica explícito no texto que Deus falou com elas para que não obedecessem àquela ordem? É verdade, mas sabemos que quem tem temor a Deus entende que tudo o que fere os princípios do Senhor deve ser rejeitado. Aproveito para lembrar: o Senhor não precisa pedir a você para fazer o que é correto; você tem o espírito de Deus e sabe discernir entre o bem e o mal. Então, escolha fazer o bem. Escolha fazer o que é justo e correto aos olhos do Senhor.

Sifrá e Puá tomaram essa decisão e, por meio dela, muitas mulheres tiveram suas vidas impactadas. A Bíblia nos revela que Moisés escapou dessa perseguição e se tornou o grande libertador de Israel. E toda essa história se inicia com duas mulheres que ousaram dizer "não" ao faraó e "sim" ao Deus dos deuses.

Você não pode nem imaginar o quanto seu posicionamento de obediência ao Senhor pode mudar o curso da sua história, da sua vida e da vida daqueles que a cercam. Suas atitudes de fé e obediência são sementes que estão sendo plantadas no reino espiritual e, no tempo certo, haverá colheita! Por isso, não se canse de fazer o bem, e lembre-se: todo trabalho no Senhor jamais será em vão. Talvez os homens não enxergassem aquelas mulheres, nem soubessem a grandeza de sua atitude, mas, aos olhos de Deus, nada passa despercebido. Tudo o que é feito em obediência à Sua palavra gera, para nós, uma farta semeadura.

O Deus que dá estratégia

Mais uma vez, aquelas mulheres foram chamadas à presença do faraó e, dessa vez, ele as indagou sobre o porquê do descumprimento da ordem dada: "Elas responderam: 'É que as mulheres israelitas não são como as egípcias. Elas dão à luz com facilidade, e as crianças nascem antes que a parteira chegue'" (Ex 1:19).

Perceba que a resposta delas não contêm mentira alguma — elas sabiam usar as palavras e tinham estratégia vinda do céu para não se prejudicarem diante daquela situação. E foi revelador: aprendemos que as mulheres do povo de Deus eram diferentes das mulheres egípcias: **elas dão à luz com facilidade**. Meu Deus, isso é extraordinário!

Eu libero sobre a sua vida e sobre a minha essa mesma unção: mulheres que dão à luz com facilidade! Que, no mundo espiritual, você e eu sejamos como elas. Sifrá e Puá entendem a importância de chegar no tempo certo! Isso é tremendo — elas percebem que chegar um pouco depois no momento do parto vai garantir que dê tempo de a criança nascer com vida! Portanto, espere o momento certo para entrar no cenário onde Deus quer usá-la. No tempo errado, podemos provocar morte, mas, no tempo correto, haverá vida — e vida em abundância!

A recompensa vem de Deus

Deus não deve nada a ninguém e, para além disso, Ele é um pai amoroso e recompensador.

"As parteiras temiam a Deus, e por isso ele foi bom para elas e fez com que tivessem as suas próprias famílias. E o povo de Israel aumentou e se tornou muito forte" (Ex 1:20-21).

É maravilhoso ler isso! A Bíblia nos mostra que Deus deu uma família para aquelas mulheres, ou seja, cada uma gerou e deu à luz seus próprios filhos! Eu quero que você imagine comigo essas mulheres, vendo as crianças nascerem e crescerem, vendo outras mulheres gerarem, sabendo exatamente o que era preciso fazer para dar à luz, mas ainda sem carregar em seu ventre um filho.

Isso me conforta, pois saber tudo sobre algo nem sempre nos capacita a viver aquilo. Elas eram especialistas em nascimento, mas fazer gerar um filho dentro de um ventre, só o Senhor faz! E, no momento oportuno, Deus deu a cada uma suas próprias famílias. Sifrá e Puá foram fiéis e provaram da bondade de Deus, viveram seus próprios milagres.

Eu não sei qual é a área da sua vida em que você precisa de algo que só o Senhor pode fazer, mas eu quero que você creia que, assim como Ele honrou Sifrá e a Puá, Ele vai honrá-la! Persista em fazer aquilo para o qual o Senhor a chamou. Eu sei que o faraó vai se levantar e, por vezes, você terá a sensação de que o Egito vai esmagá-la, mas entenda: Deus não vai submetê-la a uma provação maior do que a capacidade que Ele deu a você para suportar. Portanto, fique firme no propósito de Deus e você viverá milagres tremendos.

Agora, deixe-me terminar orando pela sua vida.

Senhor Deus, Pai de infinita graça e misericórdia, eu rogo a Ti que, onde houver agora uma mulher lendo este livro, que ela seja alcançada pela mesma ousadia e coragem que Sifrá e Puá tiveram e que ela seja tocada pelo Teu Santo Espírito. Que desça dos altos céus sobre essa mulher estratégia para vencer as artimanhas de faraó. Que ela saiba quem ela realmente é em Ti e que as vozes do mundo não confundam mais a sua mente! Em nome de Jesus, eu uno a minha fé com a fé dessa mulher e declaro sobre tudo que carrega seu nome a prosperidade que vem de Deus. Assim como aquelas parteiras foram honradas pelo Senhor, eu creio que nós também seremos.

BIBLIOGRAFIA

BÍBLIA SAGRADA. Nova Tradução na Linguagem de Hoje (NTLH). Barueri Sociedade Bíblica do Brasil, 2016.

Raieide Vitor

"Ouse ser a pessoa que
Deus a chamou para ser
e experimente a plenitude
de tudo o que Ele tem
preparado para você."

Que chamado à reflexão ou à ação este capítulo desperta em você?

EDITORA
CHAVE MESTRA®

Instagram: @editorachavemestra

E-mail: editora@editorachavemestra.com.br

Site: www.editorachavemestra.com.br